España: siglo XIX
(1834-1)

Grupo Cronos

ANAYA

Colección: Biblioteca Básica
Serie: Historia

Diseño: Narcís Fernández
Edición gráfica y maquetación: Rosa Gallego

Coordinación científica: Joaquim Prats i Cuevas
(Catedrático de Instituto y
Profesor de Historia de la
Universidad de Barcelona)

© del texto, Grupo Cronos, 1991
© de la edición española, Grupo Anaya, S. A., 1991
Juan Ignacio Luca de Tena, 15. 28027 Madrid

Primera edición, marzo 1991
Segunda edición, corregida, septiembre 1994
Tercera edición, julio 1995
Cuarta edición, septiembre 1998

I.S.B.N.: 84-207-4192-2
Depósito legal: M-21.402-1998
Impreso en ANZOS, S. A.
La Zarzuela, 6. Polígono Industrial Cordel de la Carrera
Fuenlabrada (Madrid)
Impreso en España - Printed in Spain

*Reservados todos los derechos. El contenido de esta obra
está protegido por la Ley, que establece penas de prisión
y/o multas, además de las correspondientes indemnizaciones
por daños y perjuicios, para quienes reprodujeren, plagiaren,
distribuyeren o comunicaren públicamente, en todo o en parte,
una obra literaria, artística o científica, o su transformación,
interpretación o ejecución artística fijada en cualquier tipo
de soporte o comunicada a través de cualquier medio,
sin la preceptiva autorización.*

Contenido

Una revolución burguesa muy peculiar   4

1 El triunfo liberal (1834-1843)   6

2 Los moderados en el poder   20

3 Economía y sociedad   34

4 «La Corte de los milagros»   52

5 Seis años de democracia (1868-1874)   56

6 La Restauración   66

7 Educación y cultura   84

Datos para una historia   90

Glosario   92

Índice alfabético   94

Bibliografía   96

Una revolución burguesa muy peculiar

Fernando VII, el último rey absoluto, aquel «hombre astuto y extraño, rey desdichado», en palabras de Caro Baroja, moría el 29 de septiembre de 1833. Dejaba una esposa joven y agraciada, María Cristina, y dos hijas. La mayor, Isabel, sólo contaba tres años de edad, pero estaba llamada a simbolizar una época decisiva de la historia de España: aquella en la que iba a producirse la configuración de la sociedad contemporánea.

Los treinta y cinco años que se sucedieron desde 1833 a 1868 conocieron la realización en España de un proceso histórico trascendental que ha recibido los nombres de «revolución liberal» o «revolución burguesa». Fue una transformación profunda de las bases económicas y sociales: de la forma de propiedad, de los sistemas de trabajo y producción, y de las clases y grupos sociales del país. Fue, en suma, un proceso revolucionario global que sustituyó el régimen señorial en crisis por un nuevo sistema, el capitalismo.

Cambiaron violentamente unas relaciones sociales basadas en el privilegio de los señores por otras regidas por la idea de la libertad. El horizonte era la sociedad capitalista, sustentada en el sagrado principio de la propiedad, tan esencial para la nueva clase social que se benefició del cambio, la burguesía. El pueblo pasó de ser súbdito a ser ciudadano; pasó de la condición de vasallo a la condición de proletario o jornalero.

Sin embargo, la revolución burguesa española no siguió, en todo, los pasos de otros países europeos. Mientras Inglaterra, Francia o Alemania consiguieron un gran crecimiento basado en la industrialización, España, a finales del siglo XIX, era todavía un país escasamente industrializado, dependiente de las inversiones extranjeras, donde convivían la siderurgia y el ferrocarril con el arado romano y millones de campesinos sin tierras.

LIBERTAD,
RAZON,
TOLERANCIA,
CIENCIA,
PROGRESO
LUCHAS POLITICAS EN LA ESPAÑA DEL SIGLO XIX.
PRO POPULO
PRO REG
EY SERÁS SI
ERECHO FICIE-
ES E SI NON
CIERES NON SE
AS.
OS QUE CADA
NO VALEMOS
ANTO COMO VOS
QUE TODOS......
HISTORIA
POR D. ANGEL
DE LOS RIOS.
V. BARNETO

1

Cuarta esposa de Fernando VII, María Cristina fue durante los primeros años esperanza de liberales. Sin embargo, su Manifiesto a la Nación, a la muerte de Fernando, frustró las expectativas de aquéllos y no impidió la rebelión carlista.

El triunfo liberal (1834-1843)

Una semana después de la muerte de Fernando VII, se hacía público su testamento. En él se recogía la voluntad real de ceder la corona a su hija primogénita Isabel; en tanto se hacía mayor de edad, ostentaría la regencia su madre María Cristina, la «reina gobernadora». Era jefe de gobierno Cea Bermúdez, un hombre cuyos principios no pasaban del despotismo ilustrado y a quien pronto desbordó la situación.

España estaba realmente agitada: los partidarios de don Carlos, hermano del monarca fallecido, iniciaron inmediatamente una sublevación armada en diversos puntos del país, desde Talavera de la Reina hasta el País Vasco, y, poco más tarde, surgían pronunciamientos similares en Aragón, Cataluña y Valencia. Difícilmente podía sosegar los ánimos el Manifiesto que María Cristina dirigió a la nación el día 5 de octubre en el que prometía ambiguas reformas administrativas y el mantenimiento en todo su vigor del sistema absolutista.

Aquel Manifiesto decepcionó a todo el mundo: los carlistas estaban pura y simplemente por la entronización de su candidato, desde que el año anterior don Carlos se hubiera negado a jurar a la niña Isabel como heredera; los liberales recibieron, por su parte, aquel texto con «desabrimiento y desmayo», en palabras de Martínez de la Rosa. Por otra parte, los embajadores inglés y francés, los jefes del ejército como Llauder y Quesada, y los personajes influyentes en la Corte hicieron saber su malestar ante la ausencia de cambios esenciales como la convocatoria de Cortes y alguna forma de Constitución.

María Cristina no tuvo más remedio que destituir a Cea y nombrar en su lugar a Martínez de la Rosa, un veterano liberal moderado, dispuesto a tímidas concesiones. La idea de De la Rosa fue proponer al país un sistema constitucional extremadamente limitado para una nación que había conocido y disfrutado la generosa Constitución de 1812. Este sistema se concretaba en

María Cristina regente

Una de las primeras medidas fue la reorganización territorial del Estado, según el modelo francés. Centralismo y uniformización administrativa por medio del sistema de provincias, ligadas al poder central a través de gobernadores civiles. Javier de Burgos elaboró en 1833 la nueva división territorial.

El Estatuto Real

El Estatuto Real que a toda prisa elaboró el nuevo gabinete. Era un simulacro de Constitución, más bien una Carta Otorgada, que establecía una especie de parlamento sin apenas competencias: la iniciativa legislativa quedaba en manos de la corona, que nombraría a los miembros vitalicios de la Cámara Alta (estamento de «próceres»); la cámara baja (estamento de «procuradores del reino») podría votar los presupuestos y poco más. Como escribiría Fernando Garrido:

«No había en el Estatuto la más pequeña declaración de principios, ni una palabra respecto a las libertades públicas (...) [las cámaras] eran una especie de fantasma representativo, colocado entre el público y el trono, que sólo a éste debía servir.»

Sobre estas líneas Martínez de la Rosa, liberal exaltado en sus años de juventud en Cádiz, después de destierros y exilios, había evolucionado a una postura muy moderada. Conocedor y admirador del parlamentarismo inglés, consideraba inviable el establecimiento de un régimen liberal en la conflictiva España de 1834. Su Estatuto Real indignó a los liberales y no aplacó a los carlistas. A la derecha, el juramento del Estatuto Real por la regente María Cristina.

Guerra y revolución

Mientras tanto, la sublevación carlista adquiría caracteres de guerra civil. En el País Vasco la práctica totalidad del territorio estaba en manos de los sublevados, exceptuadas las grandes ciudades. Surgían partidas, embrión de ejército regular, también en las zonas montañosas de Levante, Aragón y Cataluña. El cura Merino intentaba hacer lo propio en Castilla la Vieja. Don Carlos llegaría a instalarse en Navarra para dirigir la sublevación ya en el mes de julio de 1834. La base de tal movilización estaba en los más de cien mil «voluntarios realistas» que durante la última década habían mantenido las armas recelosos ante la política de Fernando VII. Campesinos, artesanado urbano y, principalmente, una mayoría del clero español militaba en las filas antiliberales.

Martínez de la Rosa se veía obligado a pacificar el país. Por un lado, daba vía libre a la formación de una «milicia urbana» de la que formarían parte hombres de la burguesía ciudadana, partidarios del orden, para oponerse al levantamiento de los realistas. Por otro, necesitaba reorganizar y dotar el ejército regular con urgencia.

La sublevación Carlista

El amplio apoyo popular que tuvo la sublevación carlista (en la imagen) llevó a los «cristinos» a buscar rápidamente la ayuda internacional. Francia e Inglaterra, acreedores de España desde 1823, deseaban un régimen lo bastante eficaz como para poder cobrar la deuda exterior que Fernando VII no había resuelto en diez años.

Moderados y progresistas

El marqués de Miraflores, embajador en Londres, al firmar el tratado de la Cuádruple Alianza, obtuvo de Inglaterra garantías de suministros de pertrechos militares. Entre 1834 y 1836 más de 300.000 carabinas fueron entregadas al gobierno cristino por Gran Bretaña. Don Carlos no consiguió suficientes apoyos exteriores. La ilustración recoge el momento en que don Carlos embarca hacia Inglaterra.

La ayuda exterior era imprescindible. Inglaterra y Francia apoyaron entonces al liberalismo «moderado» español con armas, hombres y acciones diplomáticas. En aquel año se firmó el tratado que establecía la Cuádruple Alianza entre esos dos países, Portugal y España, por la que se comprometían aquellas potencias a ayudar a estos últimos frente a las intentonas absolutistas.

En todo caso, la opinión liberal de las ciudades exigía al gobierno mucho más de lo que hasta entonces De la Rosa había concedido. Se produjo una radicalización importante hacia el verano de 1835: formación de juntas de la milicia urbana (que vuelve a tomar el nombre de «Milicia Nacional»); revueltas populares contra el clero; quema de conventos y alguna fábrica, etc. En suma, los liberales «progresistas» exigían ampliación del sufragio, convocatoria de Cortes, libertad de imprenta y otras medidas radicales indispensables para ganar la guerra y propiciar un cambio real.

La división entre moderados y progresistas de los liberales españoles ya era un hecho. El conde de Toreno asumió la jefatura de gobierno en tanto venía a España desde Londres quien habría de sustituirlo: Juan Alvarez Méndez, llamado Mendizábal.

Perfecto conocedor de la situación internacional, familiarizado con las nuevas formas económicas del capitalismo y consciente de la penosa situación de la Hacienda española, Mendizábal ocupó en septiembre de 1835 la jefatura de gobierno. Estaba convencido de que la victoria frente a los carlistas era un asunto interno que se debería resolver con los recursos que el liberalismo español pudiera movilizar. Sus objetivos eran: reformar el Estatuto Real y devolver la confianza a los liberales; acabar cuanto antes la guerra civil; restablecer a continuación la Hacienda nacional; liquidar la Deuda Pública y la exterior y acudir después al crédito extranjero; reformar posteriormente el sistema tributario.

A la cabeza de la opinión progresista, Mendizábal acometió rápidamente medidas sustanciales: creó las Diputaciones Provinciales, que integraban y normalizaban las Juntas; amplió y reorganizó la milicia nacional; decretó un alistamiento de cien mil hombres; confirió la jefatura a generales progresistas y reorganizó la administración de Justicia; asimismo, debía abordar la obra inconclusa del Trienio Liberal: la «pieza maestra» de su política fue el decreto de 19 de febrero de 1836 por el que se ponían a la venta los bienes raíces del clero regular.

Mendizábal

Mendizábal necesitaba la confianza de las Cámaras y el apoyo de la opinión pública liberal. Contaría con ambos para llevar a cabo su política. Pero de momento no se planteó la sustitución del Estatuto Real. En la ilustración una sesión de apertura de las cortes bajo la presidencia de la reina regente.

La desamortización

La supresión de conventos y desamortización de sus bienes modificó la estructura de la propiedad, que pasó a nuevas «manos activas e inteligentes que la explotan acertadamente», en palabras de Mendizábal. Las consecuencias en cuanto a la destrucción del patrimonio artístico de la Iglesia se refiere fueron importantes.

La desamortización eclesiástica

Una masa ingente de tierras, propiedad de los conventos extinguidos por decreto de Toreno en 1835, se ponía a la venta en pública subasta. Esta expropiación afectó a un tercio de las tierras cultivadas del país, que pudieron ser compradas por quienes dispusieran de títulos de Deuda o dinero en metálico.

Un decreto posterior, de julio de 1837, ampliaría la expropiación de bienes eclesiásticos, adjudicando a la nación todas las propiedades del clero secular. El objetivo de Mendizábal era crear una «copiosa familia de propietarios, cuyos goces y cuya existencia se apoye principalmente en el triunfo completo de nuestras actuales instituciones», tal como rezaba el decreto de 1836. Estos nuevos propietarios constituyeron una capa social de apoyo a la revolución liberal.

Era una medida obligada en la revolución burguesa, que convertía en propiedad libre la tierra como principal medio de producción en una sociedad no industrializada. La desamortización hacía útil un dinero improductivo y contribuía a facilitar la acumulación de capital necesaria para promover la transformación industrial.

Una nueva Constitución

Reflejo de la tensión entre moderados y progresistas fue la dimisión de Mendizábal a finales de 1836. El intento de reorganización del ejército, sustituyendo algún general poco fiable, la expulsión de algunos obispos procarlistas y la reestructuración del presupuesto le costaron el puesto. María Cristina nombró a un moderado como jefe de gobierno.

Quizás en aquel momento se estuvo cerca de un pacto entre carlistas e isabelinos moderados, que hubiera consistido en propiciar el matrimonio de un hijo de don Carlos con Isabel. Pero la fuerza de los progresistas se puso de manifiesto en el verano de 1836, cuando las milicias nacionales se sublevaron por doquier y un grupo de sargentos en La Granja obligaron a la Reina Gobernadora a restablecer la Constitución de 1812.

El triunfo progresista trajo un nuevo gobierno presidido por José María Calatrava, quien nombró ministro de Hacienda a Mendizábal. Se realizaron elecciones mu-

---

«Motín de los Sargentos»

«Ensanche a las bases de la ley de la milicia urbana y restitución de su antiguo y glorioso nombre de Milicia Nacional. Movilización de la misma para el sostén del trono, de la libertad y del orden público» pedían a María Cristina las Juntas progresistas en 1835.

La Constitución de 1837

En su artículo 2º la Constitución de 1837 consagraba el principio de la libertad de imprenta al establecer que «todos los españoles pueden imprimir y publicar libremente sus ideas sin previa censura...» En la imagen, una imprenta del siglo XIX.

nicipales, según las normas de 1812, decisivas para permitir el acceso al poder de las capas de medianos y pequeños propietarios que darían un impulso radical a la revolución. En efecto, el hecho de que votasen todos los vecinos contribuyentes posibilitó la formación de una red de ayuntamientos mayoritariamente progresistas, cuyas competencias eran muy amplias.

Dos leyes de la mayor importancia ratificaron el triunfo definitivo de la revolución: la elaboración por las Cortes Constituyentes de una nueva Constitución, la de 1837, «expresión clásica de liberalismo avanzado», que establecía en su articulado, a pesar de todo, una serie de concesiones a los moderados: las Cortes disponían de la iniciativa legislativa, aunque la Cámara Alta, el Senado, era de designación real sobre una lista triple propuesta por los electores. Sin embargo, se establecía la milicia nacional, los jurados y la libertad de imprenta, viejas aspiraciones progresistas.

Asimismo, se reanudó el proceso desamortizador, con nuevos decretos, y se pusieron en vigor los del trienio liberal que abolían los señoríos y suprimían vinculaciones (mayorazgos y bienes de manos muertas), todo ello con el objetivo de convertir la tierra en propiedad individual y libre.

La Ley Electoral amplió ligeramente el nivel de participación, hasta poco más del 2 por ciento de la población. No llegaban a 400.000 los electores, en un país de quince millones de habitantes.

Una vez disueltas las Cortes Constituyentes a finales de 1837, los moderados triunfaron en los siguientes comicios. Nuevamente se intentó paralizar la aplicación de las leyes de los progresistas; pero estos últimos no estaban dispuestos a renunciar a los cambios. Habría nuevos pronunciamientos.

La Constitución de 1837

En 1836 cobró nuevo impulso la Desamortización. Aquellas ventas de bienes raíces fueron una auténtica ganga para los que tenían títulos de Deuda. Sólo 400 de los 3.500 millones de reales que se pagaron en las subastas fueron en metálico. La burguesía se hacía terrateniente gracias a los decretos de Mendizábal, cuyo retrato vemos sobre estas líneas.

> **La primera guerra carlista**

Zumalacárregui fue entre los carlistas el jefe más popular y respetado. Llegó a contar con un ejército de 30.000 hombres y a ocupar todas las ciudades del País Vasco, excepto las capitales. La guerra, a pesar del convenio Elliot, que pretendía dulcificar las relaciones entre los dos bandos, tuvo rasgos muy sanguinarios.

Un acuerdo honorable

Mientras en el bando liberal se sucedían los cambios políticos, la guerra carlista continuaba. Los apoyos sociales del carlismo eran fuertes y numerosos. Los campesinos expulsados de las tierras que habían trabajado durante generaciones por la disolución del sistema señorial y amenazados por el nuevo sistema fiscal recelaban de todo cambio y constituían, en amplias zonas del País Vasco, Aragón, Valencia y el interior de Cataluña, la base fundamental del pretendiente don Carlos. El clero en masa apoyaba el retorno al absolutismo, defensor del catolicismo más rancio. Además, la defensa de los fueros medievales en algunos territorios del Norte, que garantizaban privilegios fiscales, autogobierno, la exención del reclutamiento militar y otras peculiaridades, amenazadas por el centralismo liberal, daba un contenido popular y regional al movimiento. La mayor parte de la aristocracia dio la espalda a don Carlos y apoyó al liberalismo «templado» que, al fin y al cabo, estaba mejorando su posición, al confirmar la plena propiedad de sus señoríos en perjuicio del campesinado.

A pesar de aquellos apoyos, a los que hay que añadir la ayuda de las potencias absolutistas —Prusia, Austria y Rusia—, en los siete años de guerra los carlistas fueron incapaces de quebrar el frente liberal. En 1835 había muerto en el asedio fracasado a Bilbao el general más popular y prestigioso de los carlistas, Zumalacárregui. Las operaciones en el Maestrazgo, dirigidas con algún éxito por Cabrera, y las expediciones del general Gómez y el propio don Carlos hacia el centro y sur de la Península, fracasaron también estrepitosamente.

Después de 1837, con un ejército liberal dirigido por generales progresistas muy resueltos (Espoz y Mina, San Miguel, Serrano y, sobre todo, Espartero en el norte), era imposible una victoria militar de los carlistas. El pretendiente, rodeado de una camarilla incapaz, no tuvo más remedio que encargar la dirección de la acción militar a Maroto, quien buscó y logró un acuerdo con Espartero, que daba un fin honorable a la guerra en el norte. El convenio de Vergara, en 1839, reconocía las graduaciones de los oficiales carlistas que se incorporasen al ejército isabelino y los fueros vasconavarros.

El carlismo quedó derrotado militarmente; sin embargo, había echado fuertes raíces en algunos territorios y, a lo largo del siglo XIX, reaparecería como expresión del tradicionalismo y el pensamiento reaccionario.

«El abrazo de Vergara»

Muerto Zumalacárregui en 1835, las desavenencias en el bando carlista entre la corte de don Carlos y los militares fueron en aumento. El general Maroto tuvo que rendirse a la evidencia: el acuerdo con Espartero reconocía una paz honorable. En la imagen, representación de «El abrazo de Vergara».

Espartero

La regencia de Espartero fue derivando hacia el autoritarismo. Desde París, María Cristina apoyaba conspiraciones de los moderados con el dinero que se había llevado de España en 1840. Una de ellas fue la del general Diego de León (en la imagen), en 1841, que pagó con su vida el intento.

La regencia de Espartero

Pocos militares en la historia contemporánea han gozado del prestigio y la popularidad de don Baldomero Espartero. Acabada la guerra, aparecía como el artífice de la victoria liberal y como hombre llamado a desempeñar un papel político muy relevante.

En efecto, en 1840 los moderados pretendieron paralizar las conquistas revolucionarias. La gota que colmó el vaso para los progresistas fue la abolición de la Ley Municipal de 1823 (la más democrática de cuantas regían) y la elaboración de un Proyecto de Ley Municipal que recortaba la autonomía municipal y el sufragio popular. La Milicia Nacional y numerosos ayuntamientos se echaron a la calle en un nuevo pronunciamiento. La regente, no tuvo más remedio que llamar a Espartero a formar gobierno; pero éste traía un programa radical: disolución de las Cortes y suspensión de la ley de ayuntamientos. María Cristina prefirió renunciar a la regencia.

Durante tres años, Espartero fue un regente que gobernó autoritariamente y fue perdiendo paulatinamente apoyos. Los progresistas se encontraron solos y divididos. Por un lado, los moderados se abstuvieron de participar en las elecciones y se dedicaron a preparar su pronunciamiento. Por otro, los progresistas se escindieron en varios grupos: quienes apoyaban al regente por encima de todo y quienes criticaban su forma de gobernar, bien por autoritaria, bien por conservadora. De esta ala izquierda surgirían más tarde los demócratas y los republicanos, para quienes el liberalismo censitario resultaba insuficiente y antipopular.

En Barcelona ocurrieron hechos decisivos en 1842. La política liberal librecambista, es decir, partidaria de la apertura de aduanas a los productos exteriores a cambio del apoyo financiero inversor extranjero, perjudicó gravemente a la industria catalana. La firma de un tratado comercial con la industria textil inglesa provocó una fuerte oposición en Cataluña. Espartero reaccionó bombardeando Barcelona y desatando una represión violenta.

No es extraño que, cuando al año siguiente fraguó finalmente una conspiración en la que participaron incluso sectores del progresismo, Espartero fuera derrotado por las tropas del General Naváez en Torrejón de Ardoz y se viera obligado a exiliarse.

Espartero

Sobre estas líneas, Espartero, ídolo de los progresistas durante décadas. Su protagonismo en la guerra carlista le llevó al ennoblecimiento (conde de Luchana y de Morella, duque de la Victoria). Sin embargo, como político, cometió numerosos errores hasta llegar al bombardeo de Barcelona en 1842, durante las agitaciones populares (en la imagen) que se desataron en Cataluña contra su política.

2

A los 13 años fue declarada mayor de edad y coronada; a los 16 se casó con su primo Francisco de Asís. La vida de Isabel II, que empezó simbolizando la inocencia y bondad del liberalismo, transcurrió entre agitaciones sociales, cambios políticos y escándalos cortesanos.

Los moderados en el poder

A finales del 1843, el gobierno provisional decidió adelantar la mayoría de edad de Isabel: fue coronada como reina de España a la edad de 13 años. A lo largo de los veinticinco años de su reinado, tampoco estuvo a la altura de las circunstancias históricas que España atravesaba. Su primera infantil decisión fue destituir al jefe de gobierno y entregar el poder a los moderados, que, a partir de entonces, dominaron la vida política española salvo cortos períodos.

La Década Moderada (1844-1854)

Como director de escena jugó un papel destacadísimo un nuevo «espadón», el general Narváez. «¿Enemigos? No tengo ninguno. Los he fusilado a todos», declaró en una ocasión este militar que gobernaría directamente el país en seis ocasiones, durante casi nueve años en total. Estableció un régimen autoritario y represivo durante el cual España conocería un afianzamiento del nuevo sistema burgués.

La ideología de los moderados se basaba en el llamado liberalismo doctrinario, versión de esa teoría que pretendía limitar los derechos y las libertades populares, restringir el voto a los ricos y favorecer, en todo caso, el enriquecimiento de la nueva clase dominante.

Esta institucionalización del liberalismo en su versión doctrinaria se concretaba en la nueva Constitución promulgada en 1845. Negaba el principio de la soberanía nacional; establecía un sistema bicameral en el que el Senado era designado directamente por la Corona, que aumentaba enormemente sus prerrogativas: nombrar ministros, disolver las Cortes, sancionar las leyes. La Ley electoral que promulgaron en 1846 era muy restrictiva y limitaba el derecho al voto a menos de cien mil españoles, cuando en anteriores comicios podía votar cerca de setecientos mil. El sufragio censitario, limitado a los mayores contribuyentes, junto con un control político muy férreo desde el gobierno de Madrid posibilitaba un resultado claro: nunca un gobierno moderado perdió unas elecciones.

La Ley de Ayuntamientos de 1845 estableció el nombramiento de alcaldes por la Corona en los municipios

Los moderados

El liberalismo en la versión de los moderados suponía la soberanía «compartida» entre la Nación y la Corona. Se trataba de limitar la participación popular en la política, que quedaba en manos de una pequeña oligarquía de notables y propietarios. En la imagen, el antiguo edificio del Congreso.

> **El Concordato de 1851**
>
> Con el Concordato que firmaron en 1851 los moderados con el Vaticano se pretendía dar una legitimidad al régimen, contar con el apoyo de la Iglesia frente a las masas populares y restar fuerzas al carlismo todavía vivo en muchas zonas del país.

mayores de 2.000 habitantes y por los gobernadores civiles en los de menor población. En aquellas condiciones, la representación nacional, las elecciones y las propias Cortes no dejaban de ser una ficción alejada de la opinión y los intereses de la gran masa popular.

Decididos a tranquilizar a los sectores más reaccionarios del país y a integrar a los carlistas en el juego liberal, los amigos de Narváez decretaron una serie de medidas de talante conservador. Para aplacar al Vaticano, aún molesto por la desamortización eclesiástica, paralizaron la venta de bienes nacionales y llegaron a un acuerdo (el Concordato de 1851) por el que el Estado se comprometía a hacer obligatoria la enseñanza de la religión católica, a dotar de sueldo a los clérigos con cargo al presupuesto y otros beneficios que ponían a España en la situación de un estado confesional. A cambio, el Papa reconocía como legítimas las propiedades adquiridas en la desamortización. Isabel II sería llamada ya «amadísima hija» en los documentos papales.

Como no podía ser menos, el orden público debería ser garantizado y para ello se creó en 1844 un cuerpo militar, la «Guardia Civil», destinada a reprimir las expresiones de descontento popular, cada vez más frecuentes. Con esta institución, el conservadurismo español iba a disponer ya para el futuro de un cuerpo represivo eficaz, sobre todo en el campo donde los jornaleros sin tierra podían ser seducidos por proyectos revolucionarios. Con este «instrumento de la ley y el orden», eliminaban también los moderados la Milicia Nacional, tan radical e inquietante para el conservadurismo.

Los moderados, a su manera, intentaron la modernización del país con otras medidas: un nuevo Código Penal; el primer «Plan General de Estudios», que reglamentaba y ponía la enseñanza bajo el control del Estado; una reforma fiscal, que establecía un sistema de impuestos más uniforme y suprimía privilegios regionales.

En estos años se crearon los primeros bancos y empresas de ferrocarril con capital español, y experimentó cierto auge la industria textil en Cataluña.

Se diría que el liberalismo censitario había metido a España en el camino de la prosperidad. Sin embargo, como tendremos ocasión de ver, para la mayoría inmensa del país, excluida del juego político, fueron años de desánimo y perplejidad. Los banqueros y empresarios,

La Guardia Civil

La creación de una red de transporte eficaz en la difícil orografía española fue una preocupación constante de la burguesía española para crear un *mercado nacional*. Los primeros intentos de vías de ferrocarril datan de 1829, pero durante treinta años más siguieron utilizándose los viejos sistemas de transporte.

> **El descontento**

La vitalidad del carlismo volvió a manifestarse en 1846, cuando el nuevo pretendiente Carlos VI quiso penetrar en Cataluña y encabezar otra rebelión, que fracasó inmediatamente. En 1860 lo intentaría de nuevo. En la imagen, entrega de armas por partidas carlistas en Barcelona.

como José de Salamanca o Manuel Girona, o las familias burguesas que retratan los pintores de moda sólo representaban a una minoría exigua. España se transformaba muy lentamente y siempre dependiendo de los capitales que algunos extranjeros quisieran invertir para su beneficio en nuestro país.

El descontento político llevó nuevamente a algunos sectores del carlismo a sublevarse en 1846 (guerra de los *Matiners* en Cataluña), sin esperanza alguna de éxito.

Por su parte, en las filas progresistas algunos no confiaban ya en las posibilidades del sistema liberal para satisfacer los derechos de la gran mayoría de la población. Hombres como Fernando Garrido o Sixto Cámara, que se empezaban a denominar «demócratas», denunciaban en determinados periódicos (*La Atracción, La Organización del Trabajo*) las «discusiones, las teorías gastadas y las intrigas entre los viejos partidos».

Comenzó a difundirse entre estos sectores la idea de que era necesario cambiar el sistema de propiedad y de organización social; y llegaron a España las influencias de los primeros pensadores del socialismo utópico. Frente a la monarquía, para muchos aparecía la república como la forma más justa y racional de gobernar.

Europa en estos años se encontraba en efervescencia. En 1847 tuvo lugar una crisis económica de gran envergadura que lanzó al paro y a la miseria a miles de trabajadores. Al año siguiente se produjo una explosión revolucionaria, que afectó a la mayor parte del continente. El pueblo se sublevó exigiendo, además del sufragio universal, el «derecho de vivir, derecho de trabajar y participar en los productos». Es decir, había una demanda de democracia y de derechos sociales que ponía contra las cuerdas el liberalismo de los propietarios.

Las consecuencias de aquella crisis se dejaron sentir también en España. El parón en las inversiones extranjeras, el malestar social y político llevó a algunos levantamientos de demócratas y republicanos y a una represión gubernamental muy dura. Narváez gobernó durante esos años como un auténtico dictador.

Pero las consecuencias del nuevo clima revolucionario popular llegaron a España un poco más tarde. Un moderado autoritario, Bravo Murillo, propuso en 1851 un recorte aún mayor de la representación nacional en el sistema isabelino. Se propuso elaborar, de hecho, una constitución aún más moderada que la de 1845: sólo votarían los 150 ciudadanos más ricos de cada distrito

El descontento

Sobre estas líneas, Narváez, el «espadón de Loja», fue el militar más venerado por los moderados. Ostentó personalmente la jefatura de gobierno durante la mayor parte de la Década Moderada. Su política fue de centralización, autoritarismo y limitación de las libertades públicas. Favoreció los «intereses materiales» de la burguesía, estabilizando la revolución liberal en su forma más conservadora. A la izquierda, una imagen que ilustra el desamparo al que se vieron desembocadas muchas familias como consecuencia del paro y la crisis económica.

La «Vicalvarada»

Tras «la Vicalvarada», O'Donnell (a quien vemos sobre estas líneas) publicaba como *general en jefe del ejército constitucional* el Manifiesto del Manzanares, que resumía un programa de «regeneración liberal» al gusto de los progresistas: «conservación del trono, pero sin camarilla que lo deshonre», ampliación del sufragio y libertad de imprenta. Por otra parte, la Milicia Nacional, formada por los ciudadanos en armas, garantizaba las nuevas conquistas políticas.

electoral. Pretendía, probablemente, tener las manos libres para gobernar sin el acoso parlamentario y seguía el ejemplo de Francia donde Luis Napoleón acabó con la revolución de 1848 mediante un golpe de Estado.

El hecho es que, como dice Valera, «los liberales de todos los matices se apercibieron para la lucha» contra Bravo Murillo. El resultado fue un pronunciamiento, dirigido, por los generales Dulce, O'Donnell y Ros de Olano, secundado por sublevaciones populares en las principales ciudades. En Barcelona, Madrid, Zaragoza y Valladolid volvió a surgir la Milicia Nacional y algún general progresista, como San Miguel, alentaba a la lucha. O'Donnell firmaba el 6 de junio de 1854, después de una escaramuza con las tropas de Narváez en Vicálvaro, el célebre Manifiesto del Manzanares, en el que prometía reformar la ley electoral y ampliar el sufragio, convocar Cortes Generales y reimplantar la Milicia Nacional.

El Bienio Progresista (1854-1856)

Hubo una radicalización revolucionaria después de «la Vicalvarada» que obligó a Isabel II a recurrir al general progresista más prestigioso: Espartero. Éste formó un tándem con O'Donnell que daba al nuevo gobierno la forma de una coalición progresista-moderada.

Durante dos años se acometió un programa de gobierno que suponía la resurrección del progresista de 1837. Una vez eliminados de la escena los demócratas y republicanos, se aprestaron los nuevos gobernantes a poner en marcha leyes que completarían las reformas de hacía quince años.

Quizás la Ley más importante del bienio fue la Ley de Desamortización General, de 1 de mayo de 1855. Se trataba de completar la ley de Mendizábal y dar un nuevo impulso a la venta de bienes nacionales con los mismos fines de antaño: poner en manos privadas bienes de uso y propiedad común, amortizar títulos de Deuda del Estado y sanear así la famélica Hacienda pública.

La trascendencia de esta Desamortización, hecha a la medida e interés de terratenientes y burgueses urba-

Desamortización General

El pueblo de las ciudades había participado resueltamente en las agitaciones de 1854. El lema de «pan, trabajo y Espartero» resumía las aspiraciones populares. Éste, ya con 61 años de edad, se limitó a presidir nominalmente el primer gobierno tras el triunfo progresista. En la imagen, la entrada del general Espartero en Madrid.

La Ley de Ferrocarriles

El régimen liberal fue construyendo paulatinamente un nuevo aparato de Estado en el que tenía gran importancia el sistema educativo. Las reformas, que comienzan en la década de los treinta, culminarán en 1857, con una Ley elaborada por Claudio Moyano (cuya estatua vemos en la imagen) sobre la Instrucción Pública, que pone la enseñanza bajo la dirección del Estado.

nos que vieron aumentar sus latifundios y fincas de recreo, fue enorme para la vida rural y el futuro de los municipios españoles. Antaño los ayuntamientos obtenían sus recursos económicos del alquiler de los bienes de «propios» y con ellos podían, mejor o peor, atender gastos de obras, beneficencia, escuelas, etc. Los campesinos podían, asimismo, usar libremente los montes y pastos comunales («baldíos»). Esta desamortización les despojaba de recursos esenciales.

Ya entonces criticaron esta ley los hombres más sensibles a las penurias de la gran mayoría del campesinado. Flórez Estrada, en 1836, y Claudio Moyano, en 1855, se hicieron eco de la opinión según la cual la Desamortización debería haberse hecho proporcionando las tierras a los propios labriegos, en arrendamientos a largo plazo, con lo que se hubiera podido crear una masa de campesinos medios que hubieran mejorado notablemente sus condiciones de vida y la productividad del atrasado campo español.

El otro flanco de la vida pública, que los gobernantes del bienio progresista atendieron con presteza, estaba también determinado por las necesidades de desarrollo económico. De 1855 data la Ley de Ferrocarriles en la que se estableció el mecanismo financiero que iba a posibilitar que España contase, hacia 1870, con una red modesta de vías férreas de unos cinco mil kilómetros.

El ferrocarril, el más claro signo de progreso de la época, en España fue un gran negocio que, si no contribuyó al desarrollo industrial del país, sí procuró en cambio sustanciosas ganancias a los constructores y propietarios de vías férreas. El sutil mecanismo financiero que establecía la Ley de Ferrocarriles posibilitaba que las empresas constructoras contasen siempre con la garantía de beneficios a cuenta del Estado: podían también importar libremente todos cuantos materiales fuesen necesarios para la construcción de las vías (franquicias).

En esas condiciones, pronto surgieron empresas con capital extranjero (francés sobre todo) que realizaron suculentos negocios, construyendo vías que nunca serían rentables y facilitando la salida hacia el mercado español de sus productos industriales. Por lo que cabe decir que, en España, más que motor de desarrollo, aquellos ferrocarriles, que apenas transportaban mercancías y siempre fueron deficitarios hasta la actualidad, constituyeron un gran negocio especulativo en el que obtuvieron beneficios los capitales extranjeros así como los capitales de los socios españoles enriquecidos con la última desamortización.

La ley bancaria de 1856, que permitió la creación de sociedades de crédito y nuevos bancos, sirvió también para canalizar el dinero hacia el negocio ferroviario.

Los gobernantes del bienio estaban, pues, en la difícil tesitura de tener que abrir las puertas al capital exterior y a las condiciones que pusiesen los países más avanzados (Inglaterra, Francia, Bélgica...), lo que implicaba librecambismo, descapitalización interna, subidas de precios y baja de la producción interior. Por ello, no es extraño que en esos años la inflación se disparase, el malestar social aumentase y Espartero viese como en Barcelona se producía, en 1855, la primera huelga general del proletariado español mientras seguían estallan-

La Ley bancaria

Animados por las facilidades que concedía la Ley de Ferrocarriles de 1855, los capitales acudieron rápidamente al negocio ferroviario. Banqueros extranjeros controlaban gran parte de las sociedades financieras y de las compañías ferroviarias del Norte.

FERRO-CARRIL CENTRAL DE CATALUÑA

Sociedad Anónima por acciones domiciliada en Barcelona

SECCION DE IGUALADA Á SAN SATURNINO DE NOYA

Capital efectivo 7.500.000 pesetas

SUBDIVIDIDO EN 15.000 ACCIONES AL PORTADOR DE 500 PESETAS UNA

según Escritura pública otorgada en 12 de Febrero de 1882,

ante el Notario del Iltre. Colegio de Barcelona D. Antonio Vebils y Font del Sol.

SÉRIE B   TÍTULO N.° 01160

TÍTULO PROVISIONAL DE CINCO ACCIONES AL PORTADOR

N.° 01796 á 01800

Barcelona 12 Febrero 1882.

EL PRESIDENTE,   EL DIRECTOR GERENTE,   EL SECRETARIO,

> **La vuelta al moderantismo**

do disturbios que exigían la desaparición de los odiados impuestos de «consumos».

A pesar de todo, la voluntad de los progresistas quiso ir más allá del moderantismo y ampliar derechos políticos y libertades. A punto estuvieron de promulgar una nueva Constitución, en 1856, que no pasó de proyecto: soberanía nacional, iniciativa legislativa en cámaras elegidas por un sufragio ampliado hasta casi setecientos mil electores, etc.

No pudo ser, porque una nueva crisis y desacuerdo entre los progresistas y los asustados moderados, llevó a la reina a nombrar como jefe de gobierno a O'Donnell. Los diputados se fueron a sus casas. El ejército, que cada vez manifestaba un talante más conservador, aplastó a la Milicia Nacional y todo terminó con la vuelta al moderantismo.

Leopoldo O'Donnell quiso obtener el apoyo de los distintos sectores liberales y crear una fuerza de «centro», la *Unión Liberal*, alejada de radicalismo. Desde 1858 a 1863 gobernaría este partido en un período de expansión y mejoría económica. A la derecha, O'Donnell en una reunión cortesana. Sobre estas líneas, *El ministro*, de Giménez Rico.

«La solución está en el centro»
En los doce años que siguieron, los moderados mantuvieron ininterrumpidamente el poder. O'Donnell restableció la Constitución de 1845, si bien añadió un Acta Adicional que recogía algunos avances como la existencia de jurado para los delitos de imprenta. Un nuevo partido, la Unión Liberal, pretendía superar la discordia entre los liberales con soluciones de «centro» y estabilizar el sistema. Vano intento: Narváez volvió a gobernar hastas 1858 y se dio prisa en suspender toda legislación progresista, atrayéndose a los sectores más reaccionarios del país, los llamados «neocatólicos», los carlistas reciclados y los conservadores de toda especie.

Durante cinco años, de 1858 a 1863, la Unión Liberal volvería a intentar atraer a los progresistas que se retraían de participar en la vida política y restaban legitimidad al sistema. Continuó la expansión del ferrocarril, la extensión de áreas cultivadas y de explotaciones mineras, de los bancos y de los textiles catalanes. En pocos años, salieron a la venta una enorme cantidad de bienes desamortizados. Pareció por un momento que España daba un salto adelante; hasta se resucitaron los sueños de grandeza imperial.

La Unión Liberal

El periódico era el medio de comunicación que correspondía a la nueva sociedad. La libertad de imprenta era el sinónimo de la libertad de expresión. Todo grupo o movimiento se expresaba a través de alguna publicación periódica, prensa sobre todo de carácter político, «prensa de opinión».

La Guerra de África

La política colonial de la Unión Liberal en general sólo cosechó fracasos. Uno de los incidentes más llamativos fue el protagonizado por algunos barcos españoles bombardeando los puertos americanos de Valparaíso y el Callao. El cobro de la Deuda y el guano de las costas del Pacífico eran las razones de la acción militar.

Aventuras coloniales

La economía española en 1860 tenía una fuerte relación con las colonias que se mantenían en América y en el Pacífico. Un 11 por ciento del comercio exterior se dirigía a aquellas tierras.

Por su parte, las potencias europeas en estos tiempos estaban impulsando con fuerza un nuevo colonialismo, esencial para conseguir fuentes de materias primas para su desarrollo industrial. De manera que hablar de prosperidad en Europa era hacerlo de expansión hacia el exterior: África, Asia y América del Sur estaban esperando el saqueo europeo.

Los Unionistas embarcaron a España en aventuras coloniales de dudosos resultados. Siempre de la mano de Francia, se buscaban mercados y zonas de influencia para dar salida al excedente de mano de obra y afirmar la posición española en el mundo. Una «empresa nacional» que daría supuestamente riqueza y prestigio.

La primera intervención tuvo lugar en Marruecos. Se movilizó un ejército de 160.000 hombres que, con el pretexto de vengar afrentas a la bandera española, atacó y tomó Tetuán y derrotó a las tropas del sultán en Wad-Ras. Fue una guerra rápida que Inglaterra no deseaba se prolongase, celosa de la expansión de Francia en el Norte de África. En abril de 1860 se firmó un tratado en Tetuán por el que España reforzaba la posesión de algunas de sus plazas en Marruecos y obtenía algunos beneficios comerciales.

Otras expediciones, a México y la Cochinchina (actual Vietnam), con pretextos como el cobro de la Deuda en el primer caso y la defensa de algunos misioneros en el segundo, no pasaron de escaramuzas sin sentido, en las que España actuaba como colaboradora de la expansión imperialista de la Francia de Napoleón III.

Las consecuencias de aquellas empresas fueron sobre todo ideológicas: la difusión de la idea de que España tenía una tarea exterior que desarrollar y cierta reafirmación patriótica y nacionalista. Entre los militares comenzaba a surgir, por otra parte, el «africanismo», la conciencia de un destino que cumplir en el Norte de África, un espacio donde hacer carrera y obtener condecoraciones.

Otras expediciones

España participó al lado de Francia en intentos de expansión imperialistas. Los resultados económicos de aquellas aventuras fueron más bien escasos, si bien la imagen del régimen isabelino y de la Unión Liberal salieron fortalecidas de las campañas. En la ilustración, detalle del cuadro de Fortuny *La batalla de Tetuán*.

3

Con un retraso de más de 20 años respecto a Inglaterra, el ferrocarril, «Hércules de los tiempos modernos» e imagen del progreso, comienza su historia en España en 1848 con esta línea de Barcelona a Mataró (en la imagen).

Economía y sociedad

En el agitado proceso de la revolución burguesa en nuestro país, si algo queda claramente demostrado es la debilidad del sistema parlamentario: hacia 1860 hay ya elaboradas cinco cartas constitucionales; el pronunciamiento es la vía normal de cambio de poder y la mayor parte de la nación está fuera de la participación política. Sin embargo, España era una sociedad muy compleja y es necesario un acercamiento más detenido a la realidad económica y social de entonces.

El fracaso industrial

Es evidente que durante los años centrales del siglo la economía española experimentó cambios importantes (consolidación de la industria textil catalana; construcción de la parte esencial de la red ferroviaria; incremento de tierras cultivadas...), pero todos los historiadores están de acuerdo en afirmar que no cristalizó un proceso de despegue —revolución— industrial semejante al de los países europeos avanzados.

El atraso de España en el proceso de industrialización es claro. Algunos han utilizado la expresión «fracaso de la revolución industrial» para referirse a nuestro caso.

La revolución industrial, en los países en que tuvo lugar, fue un proceso complejo que implicó la suma de varias «revoluciones», que determinaron, acompañaron y explicaron la transformación económica. Por un lado, una revolución demográfica, que permite hablar de una «explosión blanca», un aumento muy fuerte de la población europea que dejaba de verse acosada por mortalidades catastróficas. Una población numerosa y en crecimiento proporcionaría la mano de obra que necesitaría el sistema fabril así como el mercado que consumiría gran parte de esa producción industrial.

En España, aun cuando carecemos de datos fiables hasta el año 1857, se puede afirmar que la población creció, sí, pero a un ritmo notablemente menor que la población europea. Pasó de los 10,5 millones en 1797 a 15,6 en 1857. A lo largo de todo el siglo España incrementó su población en el 61,7 por ciento, mientras

El fracaso industrial

El ritmo de crecimiento de la población española en el siglo XIX fue considerablemente menor al seguido por otros países europeos. La transición al «ciclo demográfico moderno» fue muy lenta.

El fracaso industrial

Tanto el latifundio, predominante en el centro y sur y reforzado por la Desamortización, como el minifundio, abundante en el norte de la Península, han sido considerados tipos de propiedad poco rentables o aptos para la capitalización del campo y el aumento de la productividad agrícola.

Gran Bretaña lo hacía en un 238,5 por ciento, Holanda en un 131,8 por ciento, etc. Las elevadas tasas de mortalidad españolas se mantuvieron durante todo el siglo, en una población que seguía siendo rural en su inmensa mayoría, ya que las ciudades crecían muy lentamente; sólo cinco de ellas superaban los cien mil habitantes en 1870.

La necesaria revolución agraria, que podría haber alentado también la industrialización, no se dio en España. La supresión de señoríos, la abolición de mayorazgos y vinculaciones y la desamortización introdujeron el capitalismo en el campo español. Aumentó la producción global, pero manteniendo los sistemas tradicionales de explotación. Excepto en el caso del ganado lanar que, con la abolición de La Mesta en 1834, comenzó a disminuir, la mayor parte de los productos agrarios aumentaron en cantidades apreciables. La causa se halla en el aumento de la extensión cultivada tras las desamortizaciones. Sin embargo, al no existir modernización tecnológica, los rendimientos bajaban. De modo que el campesinado no aumentó su nivel de vida y el mercado interior no se ampliaba. En muchos casos sus condiciones de vida empeoraron notablemente.

Otras «revoluciones» que podrían haber cooperado al cambio tampoco tuvieron lugar en nuestro país de manera suficiente. Así, la creación de una red de transportes necesaria para articular un mercado nacional en el que las mercancías circulasen con rapidez, en España, sólo era posible mediante una red ferroviaria. Ya hemos visto la tardanza, lentitud y carácter del negocio ferroviario.

En resumen, la lenta y defectuosa industrialización española se justifica por un cúmulo de razones: el bajísimo nivel de vida de los españoles, especialmente el campesinado, que no demandaban productos industriales (si acaso absorbían una modesta producción textil); la inexistencia de un mercado organizado por falta de una red viaria que facilitara la relación centro-periferia; la inversión, por parte de los poseedores de capital, de sus dineros en empresas no industriales (era más rentable

El fracaso industrial

A partir de la Ley de 1855 la expansión de la red ferroviaria fue relativamente rápida. Algunos rasgos llamativos fueron el peculiar ancho de vía (1,67 m), por razones de defensa militar, y la estructura radial del sistema.

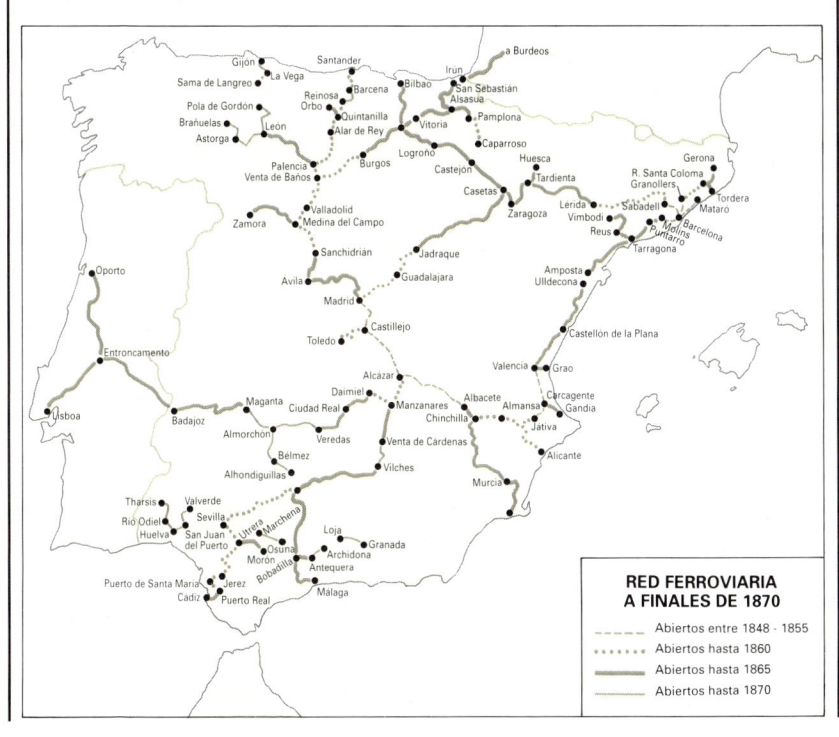

RED FERROVIARIA A FINALES DE 1870

- - - - - Abiertos entre 1848 - 1855
• • • • • Abiertos hasta 1860
———— Abiertos hasta 1865
———— Abiertos hasta 1870

Una industria incipiente

A mediados del siglo XIX la economía española conocía cierta expansión de la industrialización y del sistema fabril. No obstante, la industria moderna se localizaba en zonas muy concretas de la periferia (Cataluña y el Norte). El artesanado seguía dominando en la mayor parte del país.

y seguro comprar bienes desamortizados, invertir en ferrocarriles o Deuda Pública); finalmente, la política económica de los liberales españoles no fue decididamente proteccionista.

A pesar de todo, hacia 1860 existían varios focos industriales en el país. En Cataluña, la industria textil algodonera, de la mano de Bonaplata, Vilaregut y otros empresarios, se consolidó después de la guerra carlista en localidades en torno a Barcelona. Hasta 1860 hubo un crecimiento continuado de la producción y mecanización de las fábricas. En el sur, Málaga y Sevilla tuvieron Altos Hornos. También durante la época isabelina capitales ingleses, franceses y españoles invirtieron en empresas mineras y siderúrgicas de Asturias y el País Vasco: lugares como La Felguera, Mieres y Baracaldo, y apellidos como Ibarra, Duro, Elorza se asociaron ya desde entonces a la industria y la minería del norte de España.

Pero esta incipiente industrialización no había logrado en 1860 transformar el aspecto y la estructura social española, que seguía ofreciendo una imagen de atraso y subdesarrollo.

Un documento revelador
Pero saber cómo vivían, a qué se dedicaban y qué expectativas tenían los españoles de la época isabelina es asunto de mayor interés, quizás, que el conocimiento de los fríos datos económicos. Afortunadamente podemos acercarnos a aquella sociedad con testimonios muy significativos.

En 1857 aparecía en España el primer censo de población, que inauguraba lo que se ha llamado la «era estadística». El año anterior se había creado la Comisión Estadística del Reino. La mayoría de los estados europeos, en los que la revolución burguesa estaba muy avanzada, otorgaban importancia al recuento de ciudadanos, a sus condiciones y a sus características. No era labor inocente: el estado burgués pretendía un control cada vez mayor de todos sus recursos, y la población era el primero de ellos. Estos censos comenzaron a realizarse cada cinco o diez años por acuerdo internacional; por esta razón, en 1860 se elaboró un nuevo recuento detallado de los habitantes de España, anotando su edad, nivel sociocultural y oficio.

Sobre un total de población de 15.658.584 habitantes, el censo de 1860 ofrecía un número de activos

Los censos

«Ya tenemos aquí perfectamente enganchadas a la aristocracia antigua y al comercio moderno», escribía Pérez Galdós, definiendo el pacto de clases que alumbró la revolución burguesa en España.

La población activa

de 6.891.000, distribuidos en 39 categorías profesionales, algunas tan pintorescas como la de «sordomudos»; y sus datos permiten al estudioso trazar una radiografía muy precisa de la población española de entonces.

Redondeando las cifras y agrupando profesiones, éste sería el cuadro general:

Jornaleros del campo	2.354.000
Propietarios agrícolas	1.466.000
Arrendatarios	500.000
Jornaleros de fábricas	150.000
Mineros	23.000
Empleados del ferrocarril	5.000
Fabricantes (empresarios industriales) .	13.000
Artesanos	665.000
Comerciantes (mayoristas)	70.000
Pequeños comerciantes	333.000
Empleados (funcionarios)	70.000
Profesiones liberales	100.000
Sirvientes	818.000
Clero	62.000
Militares (y soldados)	210.000
Pobres de solemnidad	262.000

Desde el siglo XVIII, la población europea entró en una fase de crecimiento sostenido y acumulativo. Este crecimiento acompañaba las profundas transformaciones económicas de la revolución industrial. En el caso español, se da un aumento menor de la población al mantenerse los rasgos de la «economía antigua». La población española mantuvo en el siglo XIX índices superados en el norte de Europa un siglo antes.

El campo

Una primera organización de los datos permite establecer el peso relativo de lo que hoy llamamos «sectores económicos». El sector primario (agrícola) era mayoritario, agrupando a cerca del 63 por ciento del total; le seguía en importancia el terciario (servicios, comercio, clero...), con cerca del 25 por ciento, y, finalmente, el secundario (industria y artesanado), con el restante 12 por ciento de la población activa.

Es un paisaje social típico de una sociedad predominantemente agrícola, con un sector industrial exiguo y un sector servicios abultado pero tradicional.

A pesar de lo expresivo de los datos, comenzando por la agricultura, no es posible, sin embargo, saber con exactitud cuál era la estructura social y de la propiedad del campo español. España tardaría aún cien años en contar con un catastro de la propiedad agrícola. Es imposible saber qué cantidad de tierras poseía con precisión cada propietario. El ocultamiento de los datos relativos a la propiedad era continuo. Hacienda, sin un catastro, establecía los impuestos a partir de las estimaciones que hacían los ayuntamientos. Y aquí estaban

El sector agrario

Así, la esperanza de vida estaba en los 35 años y las tasas de natalidad y mortalidad alcanzaban el 34 y el 29 por mil respectivamente. Por otra parte, la estructura de la población activa, con un dominio aplastante del sector primario reflejaba ese mismo atraso económico. Sobre estas líneas, un personaje popular, la castañera. En el centro, el cuadro de Gonzalo Bilbao *La siega*.

El latifundismo

A mediados del siglo XIX se acuñó por obra de viajeros europeos la imagen de una España marcada por la inestabilidad social (guerras civiles, bandolerismo) y el atraso económico. Una imagen tópica con un trasfondo real de pervivencias medievales que han llegado hasta hoy.

los caciques rurales, los mayores propietarios, velando por sus intereses y falseando sistemáticamente los datos. Los impuestos del agro eran pagados por los pequeños propietarios y los arrendatarios. Se supone que el nivel de ocultación de datos tradicionalmente no bajaba del 50 por ciento de las propiedades.

La revolución burguesa española se hizo, en una buena parte, en beneficio de los grandes poseedores de tierras. El latifundismo, si no creció en extensión, al menos se consolidó por medio de las desamortizaciones. El modo de explotación del latifundio, basado en cultivos extensivos de secano con abundante y barata mano de obra, es una de las causas de los problemas más graves de España durante estos dos últimos siglos. En el otro extremo, el ingente número de jornaleros —campesinos sin tierra— refleja la proletarización del sector.

Este campesinado, que en los años 30 no logró ser seducido por el carlismo, más tarde fue una masa explosiva en permanente estado de alerta. A pesar de la Guardia Civil, creada especialmente para controlar este sector de población, el bandolerismo fue una manifestación permanente de los males de fondo. En 1857 tuvo lugar una insurrección campesina en Sevilla y en 1861, en Loja, llegaron los jornaleros a constituir un ejército de 10.000 hombres que reclamaban tierras. Esta sublevación, «el primer alzamiento campesino de envergadura en la historia de España contemporánea», fue sofocada por Narváez con el fusilamiento de centenares de personas.

El jornalero extremeño, castellano o andaluz secundaba en estos años las llamadas revolucionarias de demócratas y republicanos. Más tarde el anarquismo les ofrecería un ideal de emancipación.

Entre la oligarquía y los jornaleros, otros campesinos, los arrendatarios y pequeños propietarios:

«Se encontraban al borde de la miseria agobiados por los impuestos, los prestamistas y la imposibilidad de incrementar la productividad por falta de recursos...»

En conclusión, aunque esa masa depauperada producía más de la mitad de la renta nacional, la oligarquía terrateniente se apropiaba los excedentes utilizando las leyes y mecanismos que el liberalismo censitario les había proporcionado. El destino de aquella renta no fue, sin embargo, un proyecto nacional de industrialización y desarrollo económico.

Los jornaleros

Las «agitaciones campesinas» en Andalucía fueron una constante en la historia comtemporánea. Estallido social, asalto de ayuntamientos y destrucción de títulos de propiedad y reparto de tierras era la secuencia que seguían muchas de estas sublevaciones, que no tardaban en ser reprimidas por la Guardia Civil o el Ejército.

El sector industrial

De las condiciones de vida en las grandes ciudades puede dar idea el hecho de que Madrid registraba normalmente cada año más defunciones que nacimientos. El déficit de población lo enjugaba una inmigración del campo tan fuerte que Madrid triplicó su población en el siglo, sobrepasando el medio millón en 1900. En la imagen, el matadero de Madrid en un grabado de la época.

La industria

El escaso porcentaje del sector secundario en el conjunto es muy ilustrativo de la poca importancia de la industria en el conjunto de la economía nacional; solamente un 12,6 por ciento. Es claro que estamos aún lejos de la industrialización. Pero quizá más revelador es el elevado número de artesanos (más del 70 por ciento del total), que en una época en que estaban abolidos los gremios y no existían trabas para la creación de industrias fabriles aparecían como una supervivencia del Antiguo Régimen.

Una industria, pues, raquítica y anticuada, en la que estaban surgiendo también dos grupos llamados a tener un gran protagonismo histórico: el proletariado y la burguesía industrial.

Jornaleros de fábricas, mineros y empleados de ferrocarril constituían el embrión de lo que podemos llamar propiamente clase obrera. Procedente del campo o de talleres artesanales arruinados, «el proletariado» estaba sometido a condiciones de vida tremendamente duras: salarios insuficientes, jornadas extenuantes, desempleo, falta de vivienda, hacinamiento, etc.

Otros rasgos de la situación de la clase obrera se refieren al trabajo infantil —los niños, a partir de siete años, eran empleados en el arrastre de mineral en las minas o en la industria textil— y de las mujeres, que sustituían por menor sueldo a los varones en las fábricas.

El movimiento obrero surgió como respuesta a este estado de cosas. En la España isabelina, a pesar del escaso número de obreros industriales, se desarrolló un comienzo de lucha y organización del proletariado.

En 1839 fueron autorizadas las asociaciones obreras; surgieron entonces los primeros grupos organizados exclusivamente proletarios: la Sociedad de Tejedores, la Unión de Clases y la Asociación de Impresores. Las reivindicaciones obreras se centraban en objetivos que hoy nos parecerían limitadísimos: libre asociación, reducción de horas de trabajo, aumentos salariales, jurados para la resolución de quejas y conflictos, etc.

Estas aspiraciones eran excesivas para los beneficios que apetecían los propietarios de las industrias y el moderantismo español, por lo que en estos años las revueltas obreras secundaban normalmente a los progresistas y demócratas en la lucha política, exigiendo también otra

El proletariado

A veces, la introducción de maquinaria provocó problemas sociales. Fue el caso de las máquinas de hilar las «selfactinas», que ocasionaron protestas de los obreros en Cataluña. Hasta el punto de que en 1854, llegaron a ser prohibidas como causantes del despido de obreros. A partir de los siete años la población infantil era empleada en las hiladoras mecánicas como ilustra *La tejedora*, de Planella (a la izquierda), imagen que contrasta con *La vieja hilando* de Martínez Cubells (arriba).

El movimiento obrero

El movimiento obrero español adquiría cierta consistencia a mediados del siglo. En 1855 los trabajadores de Barcelona enviaron a Madrid delegaciones que presentaron al gobierno un programa de reivindicaciones sociales, como reducir a diez horas diarias la jornada laboral y la libre asociación, y políticas, como el derecho a pertenecer a la Milicia Nacional.

serie de derechos como la abolición de impuestos o la pertenencia a la Milicia Nacional y el derecho al voto.

A finales del período isabelino, el movimiento obrero español tomó contacto con la clase obrera europea y se vinculó rápidamente al movimiento internacional que representaba la AIT (Asociación Internacional de Trabajadores) o Primera Internacional; eran tiempos de madurez del movimiento obrero, y el socialismo y el anarquismo encontrarían eco entre el proletariado español.

El movimiento obrero, excluido de la vida política y cultural, se esforzó en esos años por dignificar su condición. Periódicos obreros, como *El Obrero* o *La Asociación*, difundieron semanalmente las ideas emancipadoras. Centros culturales como el Fomento de las Artes, en Madrid, o el Ateneo Catalán de la Clase Obrera, en Barcelona, acercaban la instrucción a los trabajadores.

La burguesía industrial, por su parte, reducida entonces casi únicamente a Cataluña, estaba de hecho subordinada a la hegemonía de terratenientes, banqueros y especuladores, que eran quienes realmente detentaban el poder en Madrid. Su miedo a la revolución social les hacía actuar como un grupo de presión con dos peticiones constantes al poder central: una legislación económica proteccionista y la conservación de la paz social.

El mundo urbano

Aunque no con mucha propiedad, podemos situar como integrantes de la sociedad urbana a ese 25 por ciento de la población activa que en el censo de 1860 agrupa sirvientes, funcionarios, comerciantes, clero y militares; lo que hoy llamamos sector servicios. Entre ellos están los sectores más cultos de la España de entonces y también los más desamparados «pobres de solemnidad».

La estampa del mundo urbano en la España isabelina era la de ciudades que empezaban entonces a derribar sus antiguas murallas y a expandirse lentamente. La desamortización de edificios, sobre todo eclesiásticos, abrió paso a una primera oleada especuladora de inmuebles y solares. No es la imagen de ciudades industriales, sino, en general, de grandes poblachos en los que

La sociedad urbana

Las ciudades españolas de mediados de siglo conservaban un aspecto medieval. Un conglomerado de caserones y chamizos, sin orden ni concierto, desprovistos de agua corriente o alcantarillado. Los aguadores resolvían el abastecimiento de las casas pudientes, mientras la gente común se surtía en fuentes públicas.

> **La sociedad urbana**

las mayores alturas no correspondían a las chimeneas o los edificios, sino a los campanarios.

Ciudades insalubres que comenzaban entonces a desplazar los cementerios al extrarradio, sin saneamientos ni agua corriente, y con abundantes focos de infección, que conocieron en los peores años epidemias de cólera. En el Madrid de 1834 fueron precisamente perseguidos los frailes con el pretexto del envenenamiento de las fuentes. Cuatro veces en el siglo el cólera hizo estragos por la Península.

En las más grandes, el Estado, las corporaciones económicas o los acaudalados construyeron algunos edificios. Lo más notable en el sentido urbanístico fue la aprobación de los ensanches de Madrid y Barcelona, las dos únicas ciudades que en 1870 contaban con más de 200.000 habitantes.

La población, en su mayoría, estaba formada por artesanos y sirvientes. Estos últimos, cuyo número era muy alto (el tercero en el conjunto del censo), incluían al servicio doméstico, que era la única actividad, junto con la categoría de «pobres de solemnidad», en que las mujeres superaban en número a los varones.

Las profesiones liberales y los empleados (funcionarios) tenían una importancia notable en la sociedad de la época. El aparato del nuevo Estado burgués contaba con ellos para su sostenimiento.

A la época de la revolución burguesa correspondió la creación de una administración pública moderna. El estado burgués fabricó un aparato centralista que desde Madrid pretendía llegar, a través de la nueva red de gobernadores y delegados provinciales, a los últimos rincones del país. La burocracia, sin embargo, era costosa. La red de funcionarios, en aquel tiempo de penurias financieras, estaba mal e irregularmente pagada. Además, la inestabilidad era la norma; los cambios políticos conllevaban el despido de la mayoría de los funcionarios; aparecía la figura del «cesante», que permanecería día tras día a la espera de la vuelta al poder de sus correligionarios. En la administración, así, lo que hoy llamamos «tráfico de influencias» o «clientelismo» era moneda corriente. La ineficacia y anquilosamiento crónico de la burocracia en la historia contemporánea de España nacieron entonces.

El funcionario no sólo estaba mal e irregularmente pagado sino también sujeto a una inestabilidad laboral permanente. La figura patética del «cesante» (en la imagen) funcionario que perdía su empleo con los cambios de gobierno, o el célebre artículo de Larra «Vuelva usted mañana» reflejan una burocracia ineficaz y una administración corrupta.

Curas, frailes y monjas
En cuanto al clero, los más de 120.000 eclesiásticos de principios de siglo quedaron reducidos a la mitad en 1860. La disminución fue más notable entre el clero regular. Mendizábal mandó a la calle a más de 30.000 frailes. Sin embargo, la sociedad española no había perdido la influencia clerical. El Concordato de 1851 fue un auténtico armisticio entre el Vaticano y el régimen liberal. Los moderados iniciaban así una «recatolización» del país. Hubo que esperar a 1869 para que una Constitución reconociese cierta libertad religiosa; por poco tiempo, es cierto. La Iglesia pasó de ser una corporación propietaria de inmensos bienes a convertirse en el más poderoso grupo de presión sobre el Estado. Los obispos aparecían sistemáticamente entre los senadores de nombramiento real; autorizaban y censuraban los libros y publicaciones, y la influencia de los clérigos, en un país analfabeto en un 80 por ciento, era importante.

Esta Iglesia, creadora de opinión a través de escuelas y púlpitos y mantenedora del pensamiento más reaccionario, desde 1851 empezó a ser subvencionada por el Estado, que sufragaría los sueldos de los clérigos.

> **El estamento eclesiástico**
>
> La imagen de las ciudades registró un cambio importante con la supresión de conventos a partir de 1835. Adquiriendo un aspecto «laico». «A la generación actual le sorprende no hallar por parte alguna las capillas y hábitos que vieran desde la niñez», decía Fermín Caballero.

> Los militares

El ejército

Los militares constituyen otro grupo social de escaso número, pero de gran poder. O'Donnell fue quizás el «espadón» más obsesionado por dar prestigio, dinero e influencia a la oficialidad. Ya se apuntaban algunas características del ejército contemporáneo español: más de diez mil oficiales para unos reemplazos que no llegaban a 150.000 soldados.

Se ha hablado del «pretorianismo» del ejército español en la historia contemporánea para denominar la constante intervención de los militares en la vida política. En efecto, los pronunciamientos en sentido moderado o progresista caracterizaron la vida pública del siglo XIX. Algunos generales, los «espadones» como Espartero, O'Donnell, Narváez o Prim más tarde, desem-

El protagonismo de los militares es continuo en la España isabelina. Autoritarismo y pronunciamientos son rasgos constantes en la historia del liberalismo español. «De Prim a Narváez son todos ellos más absolutistas y menos constitucionales que Calomarde» (Valle Inclán, *La corte de los Milagros*).

peñaron un papel de dirigentes de los partidos. Muchos de ellos alcanzaban un título nobiliario y pasaban a formar parte de la nueva «clase política» junto con banqueros, abogados y hombres de negocios. Esta integración de la cúspide militar en la oligarquía le fue dando un carácter cada vez más conservador y reaccionario al conjunto de la oficialidad.

La carne de cañón del aparato militar español, por otro lado, estaba formada por unos reemplazos a base de sorteos y levas obligatorias de la que sólo se podían librar quienes pudiesen pagar unas «cuotas», que en 1860 ascendían a seis mil reales. De otro modo, esperaba un período en filas de siete años.

Se comprende que quienes acababan muriendo en los combates en África o en Cuba o eran fusilados en los pronunciamientos fracasados, eran los hijos de las clases más humildes del país. Una de las reivindicaciones democráticas y del movimiento obrero sería precisamente la abolición de las quintas e incluso la creación de un ejército voluntario.

Los militares

A medida que pasaba el tiempo, el ejército se iba haciendo más conservador. Mientras la Guardia Civil sofocaba los movimientos campesinos, el ejército era utilizado como instrumento de control y represión de los movimientos urbanos.

4

Las decisiones políticas de la reina estaban mediatizadas por un círculo de extraños consejeros, entre quienes figuraban Sor Patrocinio (a quien vemos con la reina) y el padre Claret, su confesor.

«La corte de los milagros»

A la altura de los años 60 el régimen isabelino, que había vuelto a la situación de 1845 (moderantismo, represión y exilio de progresistas, demócratas y republicanos), presentaba profundas grietas. No era la menor la impopularidad de la Reina, sujeto de coplas y mofas públicas como atestigua la prensa ilustrada de la época.

En efecto, el desprestigio de Isabel, que arrastraba a la propia monarquía y hacía crecer el republicanismo, iba en aumento y estaba más que justificado. En la imagen popular, la Corte aparecía como un nido de corrupción con ribetes tragicómicos. Desde que en 1846 se vio obligada a contraer matrimonio con su primo Francisco de Asís, Isabel protagonizó caprichos y ligerezas sin cuento, rodeada de personajes de opereta como el Padre Fulgencio, confesor del marido, y Sor Patrocinio, una monja milagrera propensa al éxtasis.

Según la opinión popular, todo aquel cenáculo beatífico se alimentaba de los escrúpulos y pecados de doña Isabel, la cual no resistía normalmente los encantos de tal o cual «general bonito» (Serrano) o de los cantantes de moda (Obregón o Marfori), entre otros. Durante su reinado hubo 51 gobiernos diferentes. Como quiera que las prerrogativas constitucionales le permitían cesar y nombrar jefe de gobierno sin control del parlamento, pudieron verse disparates como el del gobierno del conde de Cleonard que duró, exactamente, ¡un día!

Quizás haya que encontrar en todo esto alguna que otra clave de por qué a partir de 1863, año en que cae O'Donnell, la suerte del liberalismo moderado fue ligada a la de la propia dinastía.

Desde 1863 hasta 1868, se sucedieron gobiernos cada vez más autoritarios. La oposición a la «camarilla» de la reina crecía, mientras la agitación popular aumentaba. En 1865 la Universidad se manifestó contra el gobierno protestando por la expulsión de Castelar. Poco más tarde, tuvo lugar un nuevo pronunciamiento progresista, dirigido por Prim, «el héroe de la guerra de África». El fracaso y fusilamiento de los sargentos del cuartel de San Gil no frenaron las conspiraciones.

El reinado de Isabel

A partir de 1856, vemos surgir una **fuerte oposición de los intelectuales y de la Universidad a la política de Isabel II. Crece el sentimiento democrático y republicano en nuestro país.**

Una situación de crisis

En la ciudad belga de Ostende se fraguó en agosto de 1866 la conspiración definitiva contra Isabel II. Muertos O'Donnell (cuyo entierro vemos en la imagen) y Narváez, la figura militar más respetada era Prim, amigo de progresistas y demócratas.

Crisis y conjuras: «¡Abajo los Borbones!»

Una nueva crisis internacional del capitalismo, cuyos síntomas en España fueron el hundimiento de bancos y de la Bolsa, así como la paralización del tendido ferroviario y la quiebra de las sociedades inmobiliarias, vino a agravar la situación del país.

A este estado de cosas, se sumó el «hambre del algodón», provocada por la Guerra de Secesión en Norteamérica, que trajo consigo el encarecimiento de las materias primas e hizo entrar en crisis a las fábricas textiles. Dos años de malas cosechas, en 1867-68, ensombrecerían aún más el panorama provocando crisis de subsistencias y dando lugar a los consiguientes motines populares.

En agosto de 1866, en ese caldo de cultivo, una serie de personalidades progresistas y demócratas acordaron en Ostende (Bélgica) un pacto cuyo programa era escueto: supresión del régimen isabelino, gobierno provisional y Cortes Constituyentes. O'Donnell y Narváez morían en 1867 y 1868. La mayoría de los generales, unionistas, se enfrentaron al gobierno de González Bravo (hasta ocho generales fueron a la cárcel) y formaron una piña en torno a Serrano y Prim. El movimiento revolucionario estalló en septiembre de 1868, siguiendo el esquema ya clásico de todo pronunciamiento: sublevación militar y formación de «juntas» revolucionarias por la ciudadanía.

La revolución de septiembre, «La Gloriosa», al grito de «¡Viva España con honra; abajo los Borbones!», fue el último intento revolucionario en que la burguesía española se levantó, secundada por gran parte del pueblo, exigiendo libertad. El objetivo era alcanzar de una vez un sistema democrático.

«La Gloriosa»

El programa de las Juntas reiteraba las demandas que Europa había hecho en 1848: derechos y libertades democráticas plenas y mejoras sociales para las clases trabajadoras.

5

Seis años de democracia (1868-1874)

El levantamiento militar de 1868, protagonizado por los generales Prim, Serrano, Dulce y el almirante Topete, se inició en Cádiz; se extendió rápidamente por Andalucía y otros lugares de la Península y triunfó de inmediato, tras un breve encuentro con tropas leales al gobierno en Alcolea del Pinar (Córdoba). Isabel II, que veraneaba en Lequeitio, hizo sus maletas y marchó al exilio en Francia.

Fue una sublevación masivamente secundada por los ciudadanos, que venían ya con anterioridad constituyendo juntas revolucionarias en pueblos y ciudades. Por los Manifiestos que, al igual que en 1808, fueron leídos en las plazas y publicados en la prensa, sabemos cuáles eran las aspiraciones populares. Una suma de derechos políticos y reivindicaciones sociales que constituían todo un programa democrático: Cortes Constituyentes para establecer el tipo de régimen; sufragio universal; libertades de asociación, reunión, imprenta, religiosa y de enseñanza; supresión de las quintas, de la pena de muerte y de los impuestos de puertas y consumos.

La Revolución de 1868 abrió un período de seis años en los que se intentó establecer en España un sistema democrático. El movimiento obrero y la burguesía coincidieron en la lucha. Sin embargo, pronto se vislumbró el fracaso: desunión de los principales partidos (unionistas, progresistas y demócratas); la oposición armada de los carlistas, por la derecha, y la de los republicanos, por la izquierda, impidieron la consolidación del nuevo régimen.

Resurgió la Milicia Nacional, que ahora se denominó Voluntarios de la Libertad, como medio de defensa de la revolución. Unidos en el mismo combate el movimiento obrero y la burguesía, parecía tratarse de una explosión nacional con un mismo entusiasmo. Sin embargo, pronto surgieron las desavenencias.

Serrano y Prim, que no eran demasiado radicales, se apresuraron a desarmar a los Voluntarios de la Libertad desde un gobierno provisional que excluyó a los demócratas. El 25 de octubre dirigieron un Manifiesto a la Nación en que recogían los programas de las Juntas, pero sin aludir a ningún cambio en cuestiones económicas. Se trataba de estabilizar rápidamente la revolución y construir por primera vez un Estado democrático en la convulsa España.

Pero la tarea no iba a ser fácil. Las elecciones para Cortes Constituyentes, en las que por primera vez pudieron votar todos los varones españoles mayores de 25 años directamente, configuraron un parlamento representativo de la correlación de fuerzas: una minoría de «derechas» —carlistas e isabelinos—; un «centro»

El gobierno provisional

La burguesía española paulatinamente se fue atemorizando ante las demandas populares y adoptando posturas conservadoras. Sobre estas líneas, el general Francisco Serrano de la Torre. Hijo de un militar liberal, empezó a destacar en la primera guerra carlista. Ostentó en los primeros momentos la Regencia mientras se buscaba un candidato idóneo para el trono español.

La Constitución de 1869

Desde luego, algunos derechos como la libertad de culto (reconocida por primera vez en nuestra historia) **levantaron la oposición de la Iglesia y de los carlistas, que recelaban de una posible separación de la Iglesia y el Estado.**

con 245 diputados progresistas, unionistas y demócratas dirigidos por Prim, Sagasta, Olózaga, Ríos Rosas y Ruiz Zorrilla; y una «izquierda» con 70 diputados republicanos federales, como Figueras, Castelar y Orense. Un fiel reflejo de las opiniones políticas de los españoles, quizás demasiado plurales para los retos del momento.

Aquellas Cortes elaboraron la Constitución de 1869, la más democrática y avanzada que podía imaginarse en la Europa de entonces, que reconocía derechos como la inviolabilidad de la correspondencia, la voluntad de descentralizar la Administración, la democratización plena de ayuntamientos y diputaciones, etc.

Aprobada la Constitución, Serrano fue nombrado regente y Prim, el hombre fuerte de la situación, jefe de Gobierno. Los problemas que había que enfrentar para consolidar la monarquía democrática eran diversos y muy graves. En síntesis: la búsqueda de un candidato para el trono vacante; la respuesta de las demandas populares de abolición de impuestos y quintas; la solución a la situación de Cuba, donde desde 1868 había estallado una seria insurrección independentista.

Estas cuestiones constituían un enrevesado *puzzle* de problemas de muy difícil solución, con complicaciones internacionales por medio, que sólo podría haber compuesto una coalición de fuerzas muy sólida. Por el contrario, cada problema desencadenó rupturas y enfrentamientos que llevaron al fracaso del experimento. Una parte de los republicanos (los «intransigentes»), frustrados por la forma monárquica de gobierno y la falta de soluciones a la «cuestión social», promovieron ya en el verano de 1869 sublevaciones generalizadas. Hambre de obreros y hambre de tierras de los campesinos estaban detrás de las protestas, que fueron sofocadas sangrientamente. Por otro lado, la derecha más recalcitrante, los carlistas, afilaban ya las armas.

La candidatura al trono recayó al final en Amadeo de Saboya, tras difíciles negociaciones en las cancillerías europeas. Napoleón III en Francia y Bismarck en Alemania condicionaron el resultado final. La «salida italiana» ofrecía garantías de pureza liberal: los Saboya, dinastía unificadora de Italia, no estaban contaminados de autoritarismo y, además, ofrecían una posibilidad de contención frente a los republicanos. Prim apostó decididamente por esa solución y consiguió que las Cortes nombrasen rey a Amadeo de Saboya por 191 votos contra 120. Escaso apoyo para asunto tan problemático.

La candidatura italiana

La búsqueda de un rey para la nueva monarquía constitucional fue grueso problema. Las Cortes debatieron las candidaturas de Espartero, Fernando de Portugal, el Duque de Montpensier, Leopoldo Hohenzollern, etc. Al fin, Prim consiguió la aceptación de **Amadeo de Saboya, a quien vemos embarcado rumbo a España.**

El reinado de Amadeo

Amadeo de Saboya

El 30 de diciembre de 1870 desembarcaba en Cartagena el nuevo rey de España. Tres días antes, como mal augurio, el general Prim, su valedor, era objeto de un atentado mortal, cuyos autores nunca fueron descubiertos. Juró la Constitución ante las Cortes el día 3 de enero, comenzando así un reinado breve de dos años que para él sin duda fue demasiado largo.

En efecto, los apoyos que encontró a su llegada se reducían a los progresistas.

La Iglesia echaba pestes contra un monarca sacrílego, cuyo padre había usurpado los Estados Pontificios al Papa Pío IX. Los carlistas se estaban lanzando al monte con sus escopetas. La oligarquía terrateniente pensaba que la democracia desembocaría en el socialismo y que sus fincas corrían peligro. Los republicanos celebraban congresos y pactos federales a la espera de una república que reconociera la libre federación de las regiones y estados de España.

Los obreros y campesinos ya no confiaban ni siquiera en los republicanos, y empezaban a mirar con buenos ojos a la Internacional (AIT) y, en especial, a su facción bakuninista (anarquistas); por tanto, despreciaban el juego político de los partidos y soñaban con la revolución social y el comunismo libertario. Los hacendados españoles de Cuba y los negociantes con intereses coloniales desconfiaban igualmente. La burguesía industrial catalana, que apoyó en un principio la revolución, estaba descontenta por el arancel librecambista de Figuerola, que ponía en peligro su producción; ¿y sin un arancel librecambista cómo podría tenerse el apoyo de la Europa industrial?

De modo que los progresistas de Sagasta y Ruiz Zorrilla debían, si quería sobrevivir el régimen, ampliar la base social de apoyo al nuevo monarca. ¿Cómo hacerlo? ¿Con una política conservadora que permitiese atraer a los unionistas y conservadores, como quería Sagasta; o bien, con una apertura hacia la izquierda, suprimiendo impuestos, aboliendo la esclavitud en Cuba y reduciendo el presupuesto eclesiástico, logrando así que los demócratas y republicanos benevolentes se acercaran a Amadeo? Espinosa situación, que acabó dividiendo a los propios progresistas en dos grupos, los «constitucio-

Amadeo de Saboya ha sido presentado como un rey escrupulosamente constitucional y afable. Más bien, parece que su información sobre el avispero español de 1870 era escasa. Fuera un modelo de torpeza o lo fuera de honradez, el hecho es que se mostró incapaz de afrontar los graves problemas que atravesaba el país.

nalistas» de Sagasta y los «radicales» de Ruiz Zorrilla, sin duda, uno de los más honestos políticos del último tercio del siglo.

¿Quiénes medraban y aumentaban sus fuerzas en este complicadísimo panorama? Salió a la luz, lógicamente, la polaridad y contradicción de intereses entre las clases sociales. Exceptuando los carlistas, que comenzaron una insurrección en toda regla en mayo de 1872, la oligarquía de banqueros, industriales y terratenientes iban aglutinándose en torno a la idea de restaurar a los Borbones en la persona del hijo de Isabel, don Alfonso. Eran los «alfonsinos».

Enfrente se encontraban los que querían profundizar en el proceso revolucionario: los republicanos federales obsesionados por la libre organización de los diversos pueblos de España y la plena consecución de la libertad política en una sociedad laica. Estos hablaban de

El reinado de Amadeo

La monarquía de Amadeo se vio impotente ante el problema de Cuba, donde acababa de comenzar una guerra independentista. La oposición de los republicanos, que ni aceptaban la constitución ni tenían fuerza para imponer a la República pero sí para alentar la sublevación cantonalista, debilitó también al nuevo régimen. Sobre estas líneas, Manuel Ruiz Zorrilla, del ala progresista radical.

El reinado de Amadeo

Al abdicar, Amadeo redactó un escrito dirigido a las Cortes en que manifiesta su desesperanza: «España vive en constante lucha (...) todos los que con la espada, con la pluma, con la palabra agravan y perpetúan los males de la nación, son españoles.»

«federación» y también «Federación Regional española» se denominaba la sección española de la Internacional de Trabajadores. Esta coincidencia de términos encubría el hecho de que el mito de la República seguía seduciendo a todos los que luchaban por mayores derechos y libertades, sectores de la pequeña burguesía, del campesinado sin tierras y del proletariado industrial.

Amadeo, según escribió Pi i Margall, «mostró escaso afán por conservar su puesto. Dijo desde un principio que no se impondría a la nación por la fuerza, y lo cumplió». Rechazado por la aristocracia española, que ni siquiera le invitaba a sus fiestas y salones, se encontraba aislado, pero rechazó las propuestas de dureza que le hacía Serrano. Aprovechó finalmente un conflicto, provocado por la sedición de los oficiales del arma de artillería y la disolución de ese cuerpo por Ruiz Zorrilla, para abdicar el 11 de febrero de 1873.

Ese mismo día, el Senado y el Congreso, reunidos en Asamblea Nacional, proclamaron la República.

La democracia republicana

Castelar, el más respetado orador de la época, decía a los diputados y senadores el día 11 de febrero:

«Señores: con Fernando VII murió la monarquía tradicional; con la fuga de Isabel II la monarquía parlamentaria, y con la renuncia de Amadeo, la monarquía democrática. Nadie, nadie ha acabado con ella. Ha muerto por sí misma»

Esta visión optimista y de justificación histórica del nuevo régimen se vería pronto negada por los hechos: fue corta su duración. Se agudizaron los conflictos que venían de atrás.

Los republicanos, a su vez, estaban escindidos en unitarios y federales. Aquellos preferían una república de orden que mantuviera los principios liberales y estaban apoyados por los radicales. Los federales, con mayor apoyo popular, pretendían una política de cambios profundos: separación de la Iglesia y el Estado; configuración de una Federación de Estados; supresión de la esclavitud; creación de un ejército voluntario, etc.

> **La I República**

Los carlistas creyeron llegada su hora en 1872. El pretendiente don Carlos dirigió personalmente operaciones militares, estableció una administración en Estella y dominó realmente el espacio no urbano en Navarra y el País Vasco.

La I República

La disolución por la fuerza del parlamento republicano (en la imagen) fue de hecho la destrucción del régimen de la I República. El gobierno de Serrano fue una dictadura, a la espera de la proclamación de Alfonso XII. En su primer manifiesto, Serrano planteó la necesidad de un «poder robusto» mientras carlistas, cantonalistas de Cartagena y cubanos siguieron en armas.

En un año de vida, la República española conoció distintos rumbos: tras la presidencia de Figueras y unas elecciones ganadas por los federales, Pi i Margall, como nuevo presidente, impulsó la elaboración de una nueva Constitución que no llegó a promulgarse. La guerra carlista, que se recrudeció a mediados de 1873, la guerra de Cuba y la revolución cantonal forzaron su caída. A continuación, Salmerón, que dimitiría por motivos de conciencia (al negarse a restaurar la pena de muerte) y Castelar darían un nuevo giro conservador al régimen.

Mientras tanto, el partido alfonsino seguía creciendo y tenía en Cánovas del Castillo un dirigente muy capaz.

El día 3 de enero de 1874 llegó el fin: el capitán general de Madrid, Pavía, disolvió con sus tropas las Cámaras. Tras el golpe, reunió a los notables de los viejos partidos; de aquella reunión salió nombrado jefe de un gobierno que sólo era republicano en las formas el general Serrano.

Durante otro año Serrano, que hizo caso omiso a las libertades democráticas, disolvió la Internacional, persiguió a los republicanos y reestructuró el ejército para hacer frente a la guerra carlista. En suma, volvía la política de mano dura.

La vuelta de los Borbones

En 1874 la oligarquía española estaba abiertamente por la solución «alfonsina». Cánovas del Castillo esperaba el retorno de don Alfonso como resultado de un clamor nacional ante el «desorden republicano».

El propio Cánovas redactó un documento (otro Manifiesto) que firmó don Alfonso y se hizo público a finales del año: el Manifiesto de Sandhurst (nombre de la Academia militar inglesa en que estudiaba) proclamaba la voluntad de don Alfonso de reinar como monarca constitucional moderno, respetando las libertades públicas.

Pero algunos militares fueron más impacientes. El 29 de diciembre, en Sagunto, Martínez Campos, con el apoyo de otros generales —Primo de Rivera y Valmaseda—, «se pronunció» en favor de Alfonso XII como rey de España. A Cánovas no le gustó este nuevo pronunciamiento como forma de hacer las cosas. En cualquier caso, las adhesiones de los principales generales, incluidos los que luchaban contra los carlistas, llegaron enseguida. Se constituyó un ministerio-regencia, presidido por Cánovas, que gobernaría provisionalmente hasta la llegada de Alfonso a España. El 9 de enero de 1875 el monarca desembarcaba en Barcelona.

El ministerio-regencia

Cánovas hablaba de que llegaría un «estado de opinión favorable» a don Alfonso. El joven pretendiente, por su parte, se sentía con derecho al trono desde que en 1870 su madre abdicara en su favor. El 9 de enero de 1875 desembarca en Barcelona y comienza otra etapa de la historia de España. En la imagen, Alfonso XII, sale de la Residencia de Isabel II en París.

La Restauración

Se cerraba un período revolucionario, retornaba la dinastía y España regresaba a «lo de siempre», que en este caso era algo parecido al régimen del moderantismo, adaptado a los nuevos tiempos en cuestiones más bien superficiales. Durante más de cuarenta años iba a estar en vigor la misma Constitución, cosa insólita en la historia del liberalismo español. La Restauración sería un largo período de consolidación de la nueva sociedad liberal-capitalista.

El sistema canovista: oligarquía y caciquismo

Experiencia política no le faltaba a Cánovas. Desde muy joven militó y conspiró en la Unión Liberal (suyo fue el texto del «Manifiesto del Manzanares»). Admiraba el sistema constitucional inglés por su estabilidad y por el mantenimiento de las tradiciones. Quiso fabricar en España una cosa parecida, convencido del apoyo que le prestarían las clases acomodadas; como así fue.

Los obstáculos iniciales fueron pronto superados con el apartamiento de los republicanos y la victoria sobre

Tras el pronunciamiento de Martínez Campos (en la imagen) y la proclamación de Alfonso XII, éste fue aceptado rápidamente por todo el ejército y el gobierno sin mayor resistencia ni entusiasmo. Las potencias europeas y el Vaticano reconocieron inmediatamente a la «nueva» monarquía. El «orden social» había sido restablecido.

los carlistas en 1876. También urgía la «pacificación» de Cuba, que encomendó a Martínez Campos y llegaría poco después. Con las manos libres, Cánovas hizo rápidamente realidad sus teorías. Sólo sería posible la paz y el orden si se mantenían las instituciones tradicionales de la nación junto al reconocimiento de los principios liberales: soberanía conjunta de la nación y el rey; monarquía hereditaria y representativa; ejército y unidad nacional, eran los pilares del nuevo sistema.

Mediante unas elecciones generales, con sufragio universal masculino, pero tan manipuladas desde el gobierno que no llegó a votar ni el 50 por ciento del censo, se formaron unas Cortes Constituyentes a la medida, que elaboraron rápidamente una nueva Constitución. Establecía ésta, como principios, que la potestad de hacer las leyes residía en las Cortes con el rey (inviolable, con derecho a veto e iniciativa legislativa). El parlamento, bicameral, constaba de un Senado formado por miembros natos, otros nombrados por el rey con carácter vitalicio y otros elegidos por corporaciones (una cámara de notables). El Congreso, en cambio, estaría for-

El canovismo

Antonio Cánovas del Castillo (arriba) fue el artífice del régimen de la Restauración. Progresista en su juventud (en 1854 había redactado el Manifiesto del Manzanares) y conservador en su madurez, admiraba la estabilidad del parlamentarismo inglés. El sistema que creó excluía a la mayor parte del país. La política oficial quedó en manos de una elite, «los amigos políticos», una red tupida de intereses, negocios, títulos y cargos. El poder y el dinero eran la misma cosa. A la izquierda, una sesión del Congreso.

El canovismo

Sobre estas líneas, Práxedes Mateo Sagasta. El partido liberal fusionista («los liberales») de Sagasta pretendía una cierta modernización de la política caciquil de la Restauración. El sufragio universal, el establecimiento del jurado o la Comisión de Reformas Sociales introdujeron un matiz «democrático» en el panorama reaccionario del sistema canovista.

mado por diputados elegidos a razón de uno por cada 50.000 habitantes. Hábilmente, se remitía el tema de qué sufragio regiría a una Ley Electoral posterior. Esto, junto a un reconocimiento vago de los derechos y libertades (asociación, expresión, reunión, incluso tolerancia religiosa) garantizaba a la Constitución una gran flexibilidad y auguraba su perduración.

Otro de los objetivos canovistas fue el turno pacífico de dos grandes partidos en el ejercicio del poder. Para ello había que crear una «oposición leal», cuyo programa no se diferenciase mucho del suyo. Así surgió el Partido Liberal Fusionista dirigido por Sagasta, que recogía la herencia de progresistas y demócratas. Tanto éste como el Partido Liberal Conservador de Cánovas representarían de hecho a los mismos sectores sociales, con algunas diferencias de matiz. Y entre ambos («los liberales» de Sagasta y «los conservadores» de Cánovas, como se les denominó) fabricaron el régimen de la Restauración, basado en la alternancia pacífica en el poder, sin violencias ni pronunciamientos.

Tras cada convocatoria electoral, el rey «debería» entregar el gobierno al partido ganador: «turno pacífico», pues. Pero, en realidad, las elecciones serían siempre manipuladas por el gobierno y los resultados responderían al acuerdo previo de los dos partidos, cara y cruz de las clases privilegiadas que protegían así sus intereses de nuevos sustos revolucionarios.

De modo que primero el rey nombraba al nuevo jefe de gobierno y, sólo después, éste convocaba y «componía» las elecciones para corroborar el cambio. Para ello se contaba con una red de funcionarios, gobernadores y notables de cada distrito. Esta es la época que Joaquín Costa definió con el lema de «oligarquía y caciquismo». Siempre se falseó la práctica electoral, incluso después de que, en 1890, los sagastinos establecieran el sufragio universal. Los electores, siguiendo las instrucciones del «cacique» del distrito (el rico del pueblo, que daba trabajo y resolvía papeleos), votaban al diputado «cunero» (en muchos casos ni conocía el distrito por el que saldría elegido), según el «encasillado» o reparto geográfico que había hecho anteriormente en el Ministerio de Gobernación el «electorero» de turno. Este sistema fue bautizado como «pucherazo»: tanto daba recoger las papeletas de voto en una urna o en un puchero que presentaba el cacique a la hora del recuento. Los dos grandes partidos, formados por unas minorías de notables, monopolizarían la vida política.

En 1885 murió Alfonso XII, el joven rey «pacificador», de una tuberculosis. Cundió el desasosiego. Su esposa, María Cristina de Habsburgo-Lorena, que ya tenía dos hijas, estaba embarazada. Fue nombrada regente y poco más tarde daba a luz un hijo varón. La necesidad de alejar cualquier temor de volver a viejas querellas llevó a los dos líderes a convenir el turno pacífico en el poder. Aquel acuerdo se llamó impropiamente «Pacto del Pardo».

Hasta el final de siglo (Cánovas murió en 1897) los dos líderes se alternaron en el gobierno con cierta regularidad. Sagasta, que contaba con la amistad de la regente, amplió ligeramente el campo de actuación de otros grupos políticos que, a partir de 1891, comenzaron a tener cierta fuerza en el Parlamento. El sufragio universal después de 1890 y la dificultad del sistema caciquil en los medios urbanos permitió, por ejemplo, la presencia de 33 diputados republicanos en las Cortes, en 1893.

Oligarquía y caciquismo

A la muerte de Alfonso XII, en 1885, parecía que iba a reproducirse una situación similar a la de 1833. Afortunadamente para el país, la regente María Cristina (a quien vemos jurando la Constitución) tuvo una actitud prudente y de escasa intervención en la vida política, en los términos de la Constitución.

Un desarrollo lento

La actitud de la oligarquía de la Restauración hacia el pueblo y el movimiento obrero y campesino fue la represión sistemática. Sin embargo, la llamada «cuestión social» era tan sangrante que los sagastinos promovieron algunas medidas como la creación de la *Comisión de Reformas Sociales*, que hizo informes sobre las durísimas condiciones de vida de los trabajadores.

El capitalismo español

España parecía haber entrado en una etapa de «normalidad» y progreso económico. Fueron los años de asentamiento y consolidación del peculiar capitalismo español.

Estaba cambiando rápidamente la fisonomía del mundo: expansión de la industrialización; nuevas fuentes energéticas como la electricidad y el petróleo; aparición de grandes monopolios y consorcios financieros; desarrollo de los transportes y de la industria química. Era la segunda revolución industrial, que conllevaba un nuevo reparto de la riqueza del Planeta entre los países más industrializados mediante el colonialismo. España, rezagada en el concierto de las naciones, siguió a distancia las pautas que marcaba la marcha del capitalismo mundial, como país dependiente y subdesarrollado.

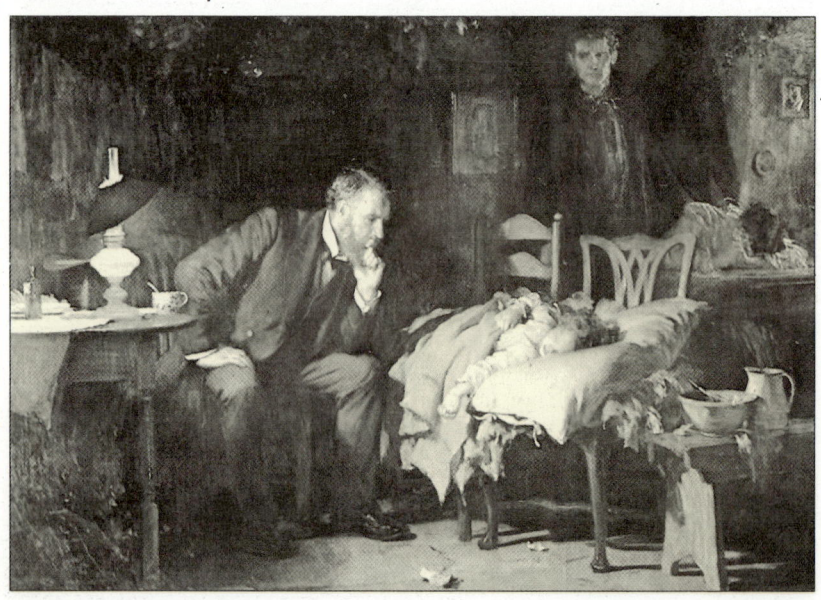

La economía y, por tanto, la sociedad española cambiaba lentamente. Seguía creciendo la población, a pesar de algunas crisis catastróficas; a finales de siglo, la población estaba en 18,5 millones de habitantes, de los que más del 80 por ciento seguían viviendo en el medio rural. Las ciudades crecieron a un ritmo mayor que en períodos anteriores, y Madrid y Barcelona sobrepasaban el medio millón de pobladores en 1900. En los años 80 comenzó también la emigración hacia el exterior (Francia y después Sudamérica) como síntoma de desfase entre población y desarrollo económico.

Se ha hablado de la economía española como de «una economía dual»: hubo una expansión industrial notable en algunas zonas, pero dos tercios del trabajo se realizaba en el campo con técnicas anticuadas. Buenas condiciones para el comercio exterior por su situación geográfica pero malas para contar con un mercado nacional interno; riqueza minera y productos agrícolas de gran calidad; escasez de capitales propios y constante recurso a las inversiones extranjeras. El panorama general era pues el subdesarrollo, la dependencia externa y los desequilibrios regionales.

La política económica siguió siendo librecambista hasta 1891, lo que tenía una importancia notable en los pre-

Un desarrollo lento

En la segunda mitad del siglo XIX habían vuelto periódicas *crisis de subsistencia* y mortalidades catastróficas. La economía española no soportaba el crecimiento sostenido de la población. A finales de siglo la emigración, que se podía realizar sin especiales trámites legales, viene a ser una «válvula de escape» de las tensiones sociales. Hubo algún pueblo que llegó a solicitar en aquellos años el traslado en masa de toda su población a La Argentina. En la imagen, emigrantes en un navío transoceánico (1880).

El campo

En la agricultura de la época los cambios más notables fueron la introducción de nuevos cultivos (remolacha azucarera) y la aparición de una agricultura especializada con destino a la exportación (frutas y vinos).

cios y en la rentabilidad de unos productos u otros. La producción agrícola seguía teniendo a los cereales como el cultivo de mayor amplitud. Hasta 1869 se había tendido al autoabastecimiento; desde entonces se produjo un abandono de tierras y una mejora de los rendimientos que posibilitó exportar grano en una época de subida de precios en el mercado internacional. Los grandes propietarios del centro y Andalucía constituyeron un bloque de intereses atento siempre a garantizar salidas a su producción. El latifundismo y la baratura de la mano de obra jornalera (ya llegaban a 3 millones los obreros agrícolas) permitieron soportar, a duras penas, la competencia del trigo ruso y americano.

Otros productos reflejaban la especialización del campo español: la vid tuvo una «edad de oro» hasta 1890, coincidiendo con la plaga de filoxera en Francia, que llegó a importar vino español. Después, la filoxera pasó el Pirineo y llegó la ruina. Se pusieron tierras en regadío para favorecer la remolacha azucarera en zonas del interior, Aragón y Castilla. El naranjo y el arroz se expandían con vistas también a la exportación. Nuevos cultivos, como el plátano y el tabaco, encontraron en las Islas Canarias expansión.

A pesar de esas mejoras, el campo español siguió atenazado por el inmovilismo en técnicas de cultivo, con explotaciones extensivas y bajos rendimientos. Por supuesto, la estructura de la propiedad de la tierra mantuvo el desequilibrio del latifundismo en el centro y sur y el minifundio en el norte. La reforma agraria seguía pendiente.

Otro sector que adquirió gran relieve fue la minería. El cobre y el hierro español salía hacia las industrias europeas en grandes cantidades. Compañías con capital extranjero, como la Río Tinto Co., la Tharssis Sulphur o la Marbella Iron, acapararon la producción. En los años 90, más del 20 por ciento de las exportaciones eran minerales. Inglaterra recibía un 20 por ciento de su mineral férrico de las minas españolas.

La minería

La debilidad del capitalismo español facilitó que el capital extranjero (inglés sobre todo) se apropiase de la producción minera. Los Rotschild acaparaban la comercialización del cinabrio de Almadén. Más de 30 compañías inglesas mineras actuaban en España; así, en Río Tinto (Huelva), cuyas minas vemos en la ilustración.

La siderurgia

La ampliación lenta del mercado interior, cuando en 1865 terminó la exclusiva de importación de elementos para el ferrocarril, facilitó, ya en este último tercio de siglo, una industria siderúrgica más consistente. Se habla de la «etapa asturiana», cuya siderurgia se nutría del carbón mineral, localizada en La Felguera. En Aller, el marqués de Comillas instalaba una fábrica destinada a proporcionar materiales para su compañía naviera. Poco después, en Vizcaya, se empezaban a invertir los beneficios de la exportación de mineral en la creación de una metalurgia propia. Los «Altos Hornos de Bilbao» y «La Vizcaya» fueron iniciativa de los empresarios vascos Ibarra, Olano y Chávarri, que encontraron un buen cliente en el Estado. En 1885, comenzó la producción de acero mediante el convertidor Bessemer, con lo que adquiría cierta madurez la siderurgia vizcaína.

A raíz de este desarrollo, aparecieron nuevos sectores vinculados a la siderurgia, como la construcción naval y de material ferroviario, que también se localizó en el norte (Astilleros del Nervión, 1888).

Animada en parte por el mercado cubano, crecía la industria textil en Cataluña, a cuyo alrededor surgieron las primeras instalaciones de la industria química (colorantes, sosa); y en 1875, aparecía la primera central eléctrica.

La industria alimenticia (harinera en Valladolid), vinícola (Rioja, Jerez), oleícola (Andalucía) y conservera (Vigo) conoció cierto empuje.

Así, a finales de siglo, el tejido industrial español a gran escala se localizaba en Cataluña, El País Vasco y algunas zonas costeras. El interior seguía siendo agrario. La burguesía española se articulaba, en un eje Bilbao-Barcelona-Valladolid, que vinculaba los intereses agrarios e industriales. El sur, a pesar de exportar el 50 por ciento del total nacional, aparecía alejado de los centros de decisión.

Fueron años de expansión ciertamente. Pero no de prosperidad general. El «coste social» de aquel crecimiento económico no se hizo sin contradicciones: unas nacidas de los intereses contrapuestos de trabajadores y capitalistas; otras de la divergencia de intereses entre los grupos de la oligarquía; y otras, en fin, de las complicaciones internacionales.

A finales del siglo XIX la industria textil algodonera, productora de bienes de consumo, todavía seguía siendo el sector punta de la actividad industrial en España. En otros países son industrias productoras de bienes de capital como la siderurgia las que generan mayor renta y actividad. Sobre estas líneas, fábrica textil del siglo XIX en Cataluña.

El movimiento obrero

Durante el sexenio revolucionario, las asociaciones de trabajadores estuvieron más o menos unidas y vinculadas con la Internacional (AIT), fundada en Londres en 1864. Desde 1870, existía en España la Federación Regional Española de la Internacional, poco numerosa y muy influida por el ideario anarquista. Los primeros años fueron de colaboración con el republicanismo en las luchas del sexenio. Pero la decepción y la fuerte presencia de colectivos campesinos llevó al movimiento obrero a desconfiar de cualquier presencia en la política burguesa y a esperar el estallido revolucionario que habría de establecer la propiedad social de la riqueza, destruir el Estado y conseguir el comunismo libertario. El apoliticismo y las simpatías anarquistas fueron predominantes en el movimiento obrero.

La otra tendencia del obrerismo, la marxista, tuvo también presencia en España; preconizaba la participación política de los trabajadores y la lucha parlamentaria junto a la movilización social, lo que llevó a la rup-

El obrerismo

Gran parte del obrerismo español se vio «empujado hacia el odio contra el Estado, el desprecio hacia los hombres públicos, la desconfianza hacia la acción política». El anarquismo encontró terreno abonado en el campesinado jornalero y la clase obrera catalana y levantina. *La familia del anarquista*, **de Chicharro.**

El obrerismo

Un aspecto peculiar del movimiento obrero español es la fuerza que aquí tuvo el anarquismo. La causa profunda del fenómeno radica en la gran importancia del proletariado agrícola en el campo del centro y el sur.

tura de la AIT en 1872. En 1879 se fundó el Partido Democrático Socialista Obrero Español a partir de un grupo madrileño de tipógrafos: Jaime Vera, Pablo Iglesias y Francisco Mora estuvieron en el grupo inicial. La política de Cánovas obligaba a la clandestinidad, pero, a partir de la muerte de Alfonso XII, Sagasta fue más permisivo. En 1886 apareció «El Socialista», que, junto a «La Solidaridad» (anarquista, órgano de la Federación de Trabajadores de la Región Española), fue el periódico obrero de mayor difusión. En 1888 se creó la UGT, sindicato de tendencia socialista.

La lucha por mejoras salariales, tanto en el campo como en la industria, se acrecentó en la década de los 90, al tiempo que la reivindicación de una jornada laboral de ocho horas aglutinaba al movimiento obrero en torno a la fecha simbólica del 1 de Mayo. A finales de siglo, la UGT, implantada sobre todo en Madrid, Asturias y Vizcaya, tenía más de 15.000 afiliados; los anarquistas, por su parte, aglutinaban unas 200 sociedades en Cataluña, Valencia y Andalucía principalmente. Quedaban así configuradas las dos tendencias del sindicalismo español revolucionario.

Los nacionalismos
La «mal ensamblada unidad española», que decía Unamuno en 1897, fue puesta en cuestión en estos años. La experiencia de la República Federal de 1873, cuya constitución proponía una federación libre de 17 estados, la lucha de los carlistas por las libertades forales y, en fin, la herencia del romanticismo revolucionario hacían flaquear el mito de la unidad española.

Las causas determinantes e inmediatas del surgimiento de los «regionalismos» catalán y vasco estaban en lo económico. La política librecambista de veinte años perjudicaba a industriales de esas zonas, que se afanaban en peticiones y campañas en favor de proteccionismo. En Cataluña, las simpatías de la pequeña burguesía urbana hacia el catalanismo iban en rápido aumento. Otras iniciativas, como la formación de la *Lliga Regionalista*, de talante más conservador, atrajeron a sectores de la alta burguesía industrial (las poderosas familias de los Güell, Arnús Muntadas, Girona, etc.). En 1892 tuvo lugar la celebración de una asamblea catalanista en Manresa, en la que fueron aprobadas las «Bases», primer programa político del nacionalismo catalán. A finales del

---

Nacionalismo catalán

El clima de oposición al «centralismo madrileño» acrecentó el sentimiento particularista en Cataluña y dio alas a la expresión de su identidad cultural e histórica. El federalismo, por su parte, tenía fuertes raíces en Cataluña, con un dirigente como Almirall, creador del *Centre Catalá*, la primera organización política nacionalista. Consejo de Ciento, Ayuntamiento de Barcelona.

> **Nacionalismo vasco**

> El carácter tradicionalista del nacionalismo vasco queda patente en su manifiesto fundacional: «aspira a purificar y vigorizar la raza, depurar y difundir el euskera (...) que el Pueblo Vasco siga fervorosamente las enseñanzas de la Iglesia Católica, Apostólica, Romana, como las siguió y observó en tiempos pasados...»

siglo, este movimiento seguía creciendo en amplitud e influencia, configurándose como un elemento decisivo en la historia política de la España del siglo XX.

En cuanto al País Vasco, el masivo apoyo que el carlismo había recibido anteriormente de los campesinos y el clero y las consecuencias de la derrota jugaron un papel importante en el surgimiento, en 1894, de la primera sociedad nacionalista, el *Euskaldun Batzokija*. La Restauración había abolido los fueros vascos tras la guerra carlista; por otra parte, la rápida industrialización de zonas de Vizcaya amenazaba los equilibrios tradicionales. De aquí que el clima nacionalista prendiera en los mismos sectores sociales que antes habían apoyado al carlismo. «Jaungoikoa eta lege zarra» (Dios y las leyes viejas) fue un lema tanto carlista como luego nacionalista. En 1897 se fundó, bajo la dirección de Sabino Arana, el Partido Nacionalista Vasco, cuyo apoyo social, sobre todo entre los campesinos y la pequeña burguesía, fue notable desde un primer momento en elecciones municipales.

Estas dos expresiones del problema de la organización del Estado tendían progresivamente a minar el centralista edificio de la Restauración.

Cuba: el desastre del 98

Quizás fue en este campo (el de los restos del imperio español) donde la política del conservadurismo liberal del siglo XIX presentó mayores insuficiencias y torpezas. Fue un problema que nunca tuvo buena solución y que se dejó pudrir hasta llegar a un final traumático.

Veamos los antecedentes. Cuba, Puerto Rico, Filipinas y unos cuantos archipiélagos del Pacífico eran los restos del vasto imperio español de antaño. Ya en los años 30 tuvieron un trato especial como zonas de segunda categoría. Incluso los progresistas, en la Constitución de 1837, les negaban presencia de diputados en las Cortes y les asignaban «leyes especiales». No podía ser de otro modo: la explotación de esos territorios seguía respondiendo al viejo modelo colonial de saqueo y economía de plantación a base de mano de obra esclava. Allí amasaron inmensas fortunas destacados personajes del liberalismo, empezando por la propia María Cristina. Los convenios internacionales de 1817 y 1835, que prohibían el comercio de esclavos, no fueron res-

El desastre del 98

«Dicen que América para los americanos. ¡Vaya una tontería! América para los usureros de Madrid». (Galdós, *Fortunata y Jacinta*.) En la ilustración, desembarco de Prim en Puerto Rico.

La guerra de Cuba

Las islas filipinas constituían un residuo colonial poco integrado en la cultura y la economía española. Sin embargo, tenían un gran valor como escalón para una intervención en el Asia continental. De ahí el interés que mostrarían los Estados Unidos por su ocupación.

petados por España; de manera que a mediados del siglo casi la mitad de la población cubana era esclava (exactamente 436.495 personas en el censo de 1841). Y es que el negocio antillano enriquecía no sólo a los hacendados azucareros de la isla, sino también a los harineros de Castilla, los industriales catalanes y los funcionarios y militares que hacían carrera en la isla. Las Filipinas, por su parte, tan alejadas, estaban controladas en gran manera por la Iglesia; el comercio era escaso y se intentó encontrar comprador para el archipiélago.

En 1868 las cosas habían cambiado mucho en Cuba. Las relaciones comerciales con los EE.UU. iban en aumento y, entre los criollos, se abría paso la idea de la independencia. De modo que, un mes después de «La Gloriosa», estalló un movimiento que era declaradamente independentista: «el grito de Yara», de Carlos Manuel Céspedes.

En España, la derecha no quería ni oír hablar de cambiar la situación en ultramar. A pesar de los intentos de Prim y los republicanos, después de abolir la esclavitud y establecer un sistema de autonomía y reconocimiento de derechos a las colonias, los hacendados y su grupo de presión, con Serrano a la cabeza, sólo confiaban en la fuerza militar para resolver la rebelión. Diez años duró la primera guerra, hasta el Convenio de Zanjón en 1878, que sólo aplazó los problemas.

En los años 80, la doctrina Mahan (almirante estadounidense que estableció el plan de la zona de Caribe y Centroamérica como de influencia directa y control norteamericano) se plasmó en un relanzamiento de la lucha independentista. Sólo Sagasta, de 1893 a 1895, pretendió acceder a algunas reformas. Era demasiado tarde. En 1895 el «grito de Baire» relanzó la lucha, esta vez dirigida por una nueva generación de jóvenes líderes: José Martí, Antonio Maceo y Máximo Gómez.

En Filipinas ocurría otro tanto con un movimiento independentista dirigido por José Rizal, Andrés Bonifacio y Emilio Aguinaldo.

En Cuba se decidió la solución del problema. A partir de 1896, el general español Weyler se dispuso a con-

---

La guerra de Cuba

«Nadie ignora que España gobierna a la isla de Cuba con un brazo de hierro (...) sino que la tiene privada de toda libertad política, civil y religiosa...» (*Manifiesto de Céspedes*, 10/10/68.)

La guerra de Cuba

La opinión pública en España estaba convencida de una victoria rápida. «¡A Nueva York!» se gritaba en las manifestaciones de Madrid. La derrota militar fue fulgurante. Un testigo de la batalla de Manila describe cómo el «combate para los americanos se redujo a poco más que un ejercicio de tiro al blanco (...) No sufrieron el menor daño.» Abajo, Firma de la Paz de París.

tener la insurrección mediante la concentración de tropas; por su parte, los EE.UU. consideraban ya una cuestión de interés nacional la guerra cubana y amenazaban con la intervención. Por otro lado, secretamente, hicieron también ofertas de compra de la isla al gobierno español.

Cánovas murió asesinado en agosto de 1897. Sagasta ya no tuvo tiempo de cambiar la situación ante la decisión norteamericana de resolver el problema. En 1898, a pesar de la concesión de la autonomía, la guerra seguía; los norteamericanos enviaban un acorazado, el «Maine», al puerto de La Habana, que sería destruido por una explosión a los pocos días.

No quedaba ya ninguna salida digna. El 20 de abril los EE.UU. presentaron un ultimátum para que España renunciase a la soberanía y retirase las fuerzas militares de la isla. Era una declaración de guerra.

Rápidamente las escuadras españolas fueron destruidas por los americanos: en Filipinas, en la batalla de Cavite, el 1 de mayo; y en Cuba, en Santiago, dos meses más tarde. El gobierno español pidió la mediación de Francia, para llegar con los EE.UU. al tratado de paz de París por el que España aceptó todas las condiciones de los vencedores.

Cuba, Puerto Rico, Filipinas y Guam pasaron a manos de los Estados Unidos. En los años siguientes se venderían los restos del naufragio: las Marianas, las Carolinas y Palaos, a Alemania; y las islas de Joló pasaron a manos americanas.

Las consecuencias del «Desastre» fueron más importantes en la conciencia y en la ideología que en la economía siempre renqueante. Se derrumbaron de golpe sueños y nostalgias imperiales. Pero la crisis ideológica estuvo también acompañada de malos momentos para la economía. El fin de siglo se les aparecía a muchos como el «fin de los tiempos».

En el balance, los perjudicados fueron los de siempre: doscientos mil soldados, de los que más de 40.000 murieron en las diferentes fases de las guerras, que no pudieron pagar las cuotas de exención. Buenos beneficios obtuvieron, en cambio, los que financiaron, con un interés del 6 por ciento, el empréstito con que se sufragaron los gastos de la contienda. Y es que la guerra siempre tuvo su lado beneficioso.

El Tratado de París

El «desastre» del 98 fue más que nada «un colapso parecido a la muerte del espíritu nacional», la evidencia del penoso papel de España en el concierto internacional. En la imagen, *A Cuba por no tener cien reales*.

7

Existen visiones contrapuestas del papel de la cultura y la ciencia en España a fines del siglo. La Institución Libre de Enseñanza, auspiciada por Giner de los Ríos, promovía una educación basada en la libertad y la creatividad. Por su parte, Menéndez y Pelayo defendió la vigencia de una cultura católica y medievalizante.

Educación y cultura
Hacia 1860

El sistema educativo había experimentado cambios notables; la utilidad de la educación para el funcionamiento del nuevo sistema económico estaba fuera de dudas: se generalizó la enseñanza primaria y, a partir de 1839, aparecían las Escuelas Normales de Maestros y los Institutos de segunda enseñanza. Según estableció la Ley Moyano en 1857, la enseñanza primaria dependía de los ayuntamientos, los institutos de las Diputaciones, y la Universidad del Estado.

Ni qué decir tiene que entre la ley y la realidad había un abismo. La escuela rural, sin medios, con maestros muy mal e irregularmente pagados, no lograba sacar al país del analfabetismo generalizado. En 1860 sólo un 31 por ciento de los varones y un 9 por ciento de las mujeres sabía leer y escribir. En la Universidad la novedad más importante de los nuevos planes estribaba en la creación de Escuelas Técnicas (Ingenieros de Caminos, Industriales, Agrónomos, Ciencias...) que importaban novedades científicas y técnicas del extranjero y formaban corporaciones muy influyentes en la actividad industrial, particularmente en la construcción del ferrocarril y en las explotaciones mineras.

La mayoría de los escritores se adscribieron al Romanticismo imperante: primacía de los sentimientos, exaltación de la libertad y los valores del pasado, temas y figuras de la historia.

En las veladas vespertinas de las familias acomodadas hacía furor la literatura romántica de tema histórico. Allí se daba lectura en voz alta a *El señor de Bembibre*, de Gil y Carrasco, o *Doña Blanca de Navarra*, de Navarro Villoslada. Algún mito teatral, como *Don Juan Tenorio*, de Zorrilla, era presenciado por multitudes.

En Cataluña, junto al desarrollo industrial, surgió también un movimiento cultural. Los valores románticos iban a propiciar un «renacimiento» de las culturas y lenguas nacionales. El movimiento de recuperación literaria y cultural que encabezaron Aribau, Milá i Fontanals y Piferrer, entre otros, y que recibió precisamente el nombre de *Renaixença*.

Las artes plásticas de la época no aportaron muchas innovaciones. Los salones estaban decorados normalmente por retratos de los pintores de moda, que seguían viajando becados a Italia de donde mandaban alguna obra neoclásica; pero a su vuelta se dedicaban a la clien-

La actividad cultural

El «consumo cultural» estaba, pues, reservado a los medios urbanos, donde encontramos desde folletines y melodramas de dudosa calidad y el teatro popular hasta un periodismo riquísimo y variopinto, y la refinada cultura de las clases acomodadas que seguían los gustos europeos.

La actividad cultural

La ópera italiana —Rossini, Donizetti— gozaba de gran aceptación entre la alta burguesía. La música sinfónica de los autores románticos, en cambio, carecía de interés para el público. En España se desarrolló desde mediados de siglo un género operístico propio, la Zarzuela.

tela burguesa: Vicente López, Esquivel, los Madrazo vivieron de esos encargos. El Estado contrataba obras de mayores dimensiones y temas históricos para Ministerios, Academias y Diputaciones a los Lucas, Padilla, Alenza, Casado de Alisal, etc. La libertad del artista sólo se podía expresar en alguna obra costumbrista o paisajista (Valeriano Bécquer, Villaamil...).

La música de mayor aceptación (el Real Conservatorio se fundó en 1830 y la Sociedad de Conciertos de Madrid en 1863) respondía a los gustos italianos. Rossini fue idolatrado por los melómanos madrileños. Surgió en España por entonces una especial versión operística, la zarzuela, a la que dedicaron sus esfuerzos autores como Oudrid, Gaztambide, Barbieri y Arrieta.

La burguesía española seguía a distancia la revolución científica europea, pero continuaba lastrada por un pensamiento conservador y un temor a la libertad de pensamiento. Al final del período isabelino vendrían a romper aquella situación algunos intelectuales como Sanz del Río, Castelar, etc., que importaron la influencia de Hegel y Krause en la Universidad española, exponiéndose a la represión de los gobiernos moderados.

El último tercio del siglo

La España de la Restauración tenía en 1875 el mismo ministro de Fomento que en los últimos años de Isabel II. Don Manuel Orovio, en 1865, había expulsado de sus cátedras a Sanz del Río, Salmerón, De Castro y otros. Diez años más tarde, su primera circular como ministro prohibía la enseñanza de:

«Nada contrario al dogma católico ni a la sana moral (…) nada que ataque, directa ni indirectamente a la monarquía constitucional ni al régimen político.»

Nuevamente se fueron a la calle Giner de los Ríos, Castelar, Salmerón, etc.

La cultura «oficial» que debería dar legitimidad al régimen seguía basándose en la represión del libre pensamiento. Le bastaba con la bendición de la Iglesia. Durante esta época, el conflicto ideológico entre la razón y la ciencia, por un lado, y la fe y la religión, por otro, fue general en todo Occidente. Tengamos en cuenta que ciertas corrientes, como el positivismo o el darwinismo, se desarrollan entonces.

Fue extraordinario el esfuerzo de la Institución Libre de Enseñanza por renovar la pedagogía y crear la base

La actividad cultural

En España, a pesar de no poder crear una ciencia propia, dada la debilidad de la Universidad, las teorías generales y los adelantos técnicos eran difundidos por una minoría intelectual disconforme con el atraso cultural. En la imagen, *la lectura de Zorrilla*, de Esquivel.

> **La actividad cultural**

de la formación de generaciones posteriores de científicos e intelectuales. El matemático Torroja y los médicos Ferrán o Ramón y Cajal son excepciones muy notables en un desolado panorama. El sistema escolar no experimentó mayores cambios desde la época isabelina y tampoco disminuyó notablemente el analfabetismo.

La cultura que informaba aquella España atrasada y lo que ésta significaba en la vida cotidiana están descritas magistralmente en las novelas realistas de un Pérez Galdós, un Clarín o un Blasco Ibáñez. Lo que era aquella Universidad, cuyo título más preciado era el de abogado, lo describe don Pío Baroja en *El árbol de la ciencia*.

No fue tampoco esplendorosa la creación plástica del período. Las tendencias pictóricas del realismo francés encontraron en España cierto eco en autores como Martí Alsina o Mariano Fortuny. Entre los escultores los más creativos e innovadores serían Querol, Benlliure y Bellver.

Don Santiago Ramón y Cajal (1852-1934) es una figura de excepción en el panorama de la ciencia española. Premio Nobel en 1906, sus descubrimientos sobre el sistema nervioso le valieron el reconocimiento internacional.

La expansión de las ciudades trajo consigo el desarrollo de los ensanches, nuevas áreas urbanas, que en los casos de Madrid y Barcelona respondieron a una planificación urbanística con una red ortogonal. El Plan Cerdá en Barcelona, aunque malogrado en parte en su desarrollo posterior, fue la mejor muestra del intento de racionalizar la ciudad. La Ciudad Lineal, que proyectó Arturo Soria para Madrid en 1892, pretendió un nuevo concepto de espacio urbano basado en la higiene y la humanización de la vivienda.

En los ensanches decimonónicos de muchas ciudades españolas y como reflejo de las nuevas fortunas y el poder del Estado y la Iglesia, los arquitectos practicaron lo que se ha llamado «eclecticismo arquitectónico». Eduardo Adaro (edificio del Banco de España, en Madrid), Velázquez Bosco o el veterano Francisco de Cubas (La Almudena de Madrid) diseñaron edificios de estilo neogótico, neomudéjar o plateresco.

Terminemos señalando la gran importancia de la abundantísima prensa ilustrada, especialmente la de tono satírico, que, a través de la litografía en gran medida, creó la imagen popular de toda una época.

La actividad cultural

Habrá que esperar a los años 90 para que en Barcelona nazca un nuevo gusto sostenido por los encargos de la burguesía más emprendedora. La Casa Vicens de Gaudí (1880) en Barcelona fue el preludio del modernismo, que triunfaría en el nuevo siglo. En la ilustración, el Palacio Episcopal de Astorga (1889-1895) obra del genial arquitecto catalán.

Datos para una historia

Año	España	Otras zonas
1834	Promulgación del Estatuto Real.	Unión Aduanera (*zollverein*) alemana.
1835	Mendizábal, jefe de gobierno. Fundación del Ateneo de Madrid.	Primer ferrocarril en Alemania (Inglaterra en 1826).
1836	Caída de Mendizábal. Pronunciamiento de los Sargentos de la Granja. Reposición de la Constitución de 1812. Supresión de diezmos; desamortización de los bienes de órdenes religiosas extintas; Decreto de libertad de Industria.	Se inicia el movimiento cartista en Inglaterra en favor del sufragio universal.
1837	Nueva Constitución progresista.	Victoria I, reina de Inglaterra.
1839	Convenio de Vergara. Ley de minas. Sociedades obreras de socorros mutuos.	Bolivia traslada su capital a Charcas con el nombre de Sucre.
1841	Abdicación y exilio de María Cristina (1840). Espartero, regente. Levantamiento moderado: O'Donnel y Diego de León. Mendizábal: Desamortización de bienes del clero secular.	Federico Guillermo IV, rey de Prusia (1840). Tratado de los estrechos (Bósforo y Dardanelos).
1842	Sublevación en Barcelona y bombardeo de la ciudad.	Prohibición del trabajo femenino en las minas (Inglaterra).
1843	Derrota, caída y exilio de Espartero (julio). Mayoría de edad de Isabel II. Gobierno de Salustiano Olózaga. Gobierno de González Bravo.	Los ingleses anexionan Natal y conquistan Sind en la India.
1845	Creación de la Guardia Civil (1844). Reforma de la Hacienda (Mon). Promulgación de una nueva Constitución moderada (mayo).	Comienza la guerra entre los Estados Unidos y México. Comienza el pontificado de Pío IX (1846).
1848	Guerra de los «Matiners» (1847). Gobierno autoritario de Narváez (marzo-diciembre). Nace el Partido Democrático (1849).	Marx y Engels, *El manifiesto Comunista* (1847). Insurrecciones liberales en Europa. Italia: insurrección nacionalista.
1854	Pronunciamiento de O'Donnel, Dulce y Ros de Olano. Manifiesto del Manzanares. Gobierno Espartero-O'Donnell. Nacimiento de la «Unión Liberal». Desamortización de Madoz (1855).	Exposición Universal de Londres (1851). Napoleón III, emperador de Francia (1852). Comienza la Guerra de Crimea.
1856	Fundación del Banco de España. Dimisión de Espartero. Restablecimiento de la Constitución de 1845. Gobierno de Narváez. Ley de Instrucción pública de Moyano (1857).	Paz de París: fin de la Guerra de Crimea. Proceso Bessemer para la obtención de acero.
1858	Gobierno de la Unión Liberal: O'Donnell. Guerra de Marruecos (1859).	Guerra de Unificación en Italia (1859). Francia Ocupa la Conchinchina (1859).

Año	España	Otras zonas
1864	Cuarto gobierno de Narváez. Nuevo gobierno de O'Donnell, junio 1865.	Fundación de la I Internacional en Londres.
1866	Sublevación de los sargentos del cuartel de San Gil. Pacto de Ostende.	Batalla de Sadowa.
1868	Sublevación de la armada. Exilio de Isabel II. Gobierno Provisional. Comienza la guerra de Cuba. Aparece la peseta como unidad.	Marx y Engels, *El Capital* (1867). Nobel inventa la Dinamita (1867).
1869	Cortes constituyentes y nueva Constitución Democrática. El general Serrano, regente; Prim, jefe de gobierno.	Inauguración del Canal de Suez.
1870	Amadeo de Saboya, rey de España. Asesinato de Prim. Conferencia de la AIT en Valencia (1871).	Guerra franco-prusiana. Unificación de Italia; anexión de los Estados Pontificios.
1872	Elecciones generales por sufragio universal. Comienza la segunda guerra carlista. Decreto de Sagasta disolviendo las secciones de la Internacional.	La Comuna de París (1871). Francia: III República.
1873	Proclamación de la República.	Mac-Mahon, presidente de Francia.
1874	El general Pavía disuelve las Cortes. Regencia del general Serrano. Pronunciamiento de Martínez Campos. Cánovas jefe de gobierno. Alfonso XII entra en Madrid (1875).	Insurrección de Díaz en México. Sublevación en Bosnia y Herzegovina (1875).
1876	Fin de la guerra Carlista. Nueva Constitución.	Bell inventa el teléfono.
1880	Sagasta funda el Partido Liberal Fusionista. Fundación del PSOE (1879)	Guerra de los Balcanes (1878). Congreso de Berlín (1878).
1885	Muerte de Alfonso XII. Regencia de María Cristina. Gobierno de Sagasta.	Los ingleses fundan Nigeria.
1888	Fundación de la UGT.	Guillermo II, emperador de Alemania.
1890	Huelga general en Vizcaya. Establecimiento del sufragio universal.	Caída de Bismarck.
1891	Nuevo gobierno Cánovas. Agitaciones anarquistas en Andalucía. Gobierno de Sagasta (1892).	Encíclica *Rerum Novarum* de León XIII.
1895	Segunda Guerra de Cuba. Fundación del PNV.	Roentgen descubre los rayos x. Nacimiento del cinematógrafo.
1896	Guerra de Filipinas. Asesinato de Cánovas (1897).	Becquerel descubre la radiactividad.
1898	Guerra con los Estados Unidos. Tratado de París. Fin de la Guerra.	Filipinas, Guam y Puerto Rico en poder de los Estados Unidos.

Glosario

Arancel
Las leyes arancelarias establecen los impuestos que han de pagar las mercancías en el tráfico comercial entre países distintos. Durante el siglo XIX fueron objeto de fuertes controversias, toda vez que un determinado arancel podía proteger la producción interior frente a la competencia extranjera o todo lo contrario.

Bessemer (proceso)
Convertidor, ideado por el industrial y metalúrgico inglés Henry Bessemer, que sirve para la obtención de acero. Se trata de un aparato que permite transformar en acero el arrabio fundido, inyectando aire por su fondo, a través del baño metálico. Este procedimiento de obtención de acero, inventado en 1855, se extendió rápidamente gracias a su bajo coste.

Bienes municipales
En el Antiguo Régimen los pueblos disponían de bienes vinculados al Concejo, unos de uso común para todos los vecinos (*baldíos*: prados, bosques...) y otros que se alquilaban a particulares (*bienes de propios*). La Desamortización de Madoz (1855) despojó a los ayuntamientos españoles de la mayor parte de esos bienes. Medida muy controvertida, muchos opinan que la miseria del medio rural español provendría de aquella expropiación y la falta de recursos que ocasionó a los pueblos.

Cámaras
El poder legislativo en el sistema liberal reside, en exclusiva o compartido con el Rey, en una o varias cámaras formadas por personas elegidas mediante sufragio de los ciudadanos. La tendencia al bicameralismo pretendía limitar sus atribuciones o frenar radicalismos, pues normalmente la cámara alta (Senado) se constituía mediante mecanismos poco representativos (designados por el rey, altos cargos del ejército o la Iglesia, etc.) y garantizaba un talante conservador.

Capitalización
Mejora y aumento del capital fijo, o de los medios de producción, con los beneficios de la explotación. En la economía del Antiguo Régimen, la tierra, como principal medio de producción, aparecía descapitalizada por los bajos rendimientos y la falta de estímulos para la inversión, dado el sistema de propiedad mayoritariamente vinculada.

Catastro
Catálogo de las propiedades que especifica dueños y características de los bienes raíces de un país. España sólo ha podido contar con uno detallado a mediados del siglo XX. Durante el siglo pasado la norma era la ocultación de los bienes para evitar pagar impuestos. Una ley de Hacienda como la de Mon en 1845 carecía por completo de eficacia al no contar con una relación fiable de las propiedades.

Centralismo
La revolución burguesa en países como Francia o España estableció rígidos sistemas de administración o gobierno; las decisiones políticas eran tomadas por la Administración o gobierno central, aboliendo todas las particularidades y privilegios de los diferentes territorios, tan abundantes en el Antiguo Régimen.

Confesionalismo
Todas las constituciones españolas del siglo XIX, excepto las de 1869 y 1873 establecieron en las relaciones de la Iglesia y el Estado un modelo confesional, según el cual la única religión permitida era la católica y el Estado se comprometía a subvencionarla y protegerla. Se trata de una pervivencia más del Antiguo Régimen.

Consumos
Junto con los de «puertas» eran los impuestos más odiados por las masas urbanas en el siglo XIX. Eran indirectos y gravaban todas las mercancías que circulaban en las ciudades. Demócratas, republicanos y el movimiento obrero exigieron continuamente su abolición.

Doctrinario (liberalismo)
El liberalismo doctrinario, teorizado por Benjamín Constant, consistía en reconocer las libertades a un número reducido de ciudadanos,

los que contribuían al fisco en una determinada cantidad. Quedaba así limitada la participación política a los propietarios (liberalismo censitario). Además establecía la soberanía conjunta del Rey y la Nación y no fijaba una clara separación de los poderes legislativo, ejecutivo y judicial.

Internacional (AIT)
La I Internacional, fundada en Londres en 1864, aglutinaba en su seno asociaciones obreras de toda Europa. las disensiones entre la corriente marxista y la bakuninista, principalmente por la cuestión de intervenir o no en el juego político electoral, provocó la disolución del Consejo de Londres en 1872. Los partidos de influencia marxista fundarían más tarde la II Internacional (socialdemócrata).

Institución Libre de Enseñanza
Fundada por Giner de los Ríos en 1879. Su objetivo era la renovación de la vida intelectual española por medio de la educación. Colaboraron en su fundación gran número de liberales, desde conservadores como Gamazo hasta republicanos como Castelar. Fue el gran centro de formación de numerosos pensadores, intelectuales y artistas desde la generación del 98 hasta 1936. Su influencia política fue importante.

Latifundio
Las grandes propiedades señoriales del Antiguo Régimen y muchas fincas desamortizadas tenían unas dimensiones excesivas que propiciaban una explotación extensiva, de bajos rendimientos, a cargo de mano de obra jornalera (proletariado agrícola). En la historia contemporánea de España se ha invocado a menudo la necesidad de una *Reforma Agraria* que llevara a la modificación de la estructura de la propiedad de la tierra.

Librecambismo
Al revés que el proteccionismo, el librecambismo propugna la libertad comercial y la libre competencia en el comercio internacional. Inglaterra fue durante mucho tiempo la potencia más interesada en esta política, a fin de garantizar mercados que diesen salida a su producción industrial.

Ludismo
Las primeras manifestaciones del movimiento obrero fueron de oposición a la introducción de maquinaria en las fábricas, pues se la consideraba como causante del paro. Tomó este movimiento el nombre de Ned Ludd, dirigente inglés que al parecer en el siglo XVIII inició un movimiento de este tipo. En España, ya tuvieron lugar manifestaciones luditas en Alcoy (1821) y también en Barcelona (1835).

Notables (partidos de)
Los partidos de la Restauración española estaban constituidos por un reducido grupo de personas influyentes, los «amigos políticos». El primer partido *de masas* fue el PSOE, que llegó a contar con unos tres mil afiliados a finales de siglo.

Proteccionismo
Corriente contraria al librecambismo que propone proteger la producción interior estableciendo fuertes impuestos (aranceles) aduaneros sobre las importaciones de mercancías extranjeras.

Sufragio
El derecho al voto para la elección de representantes en los órganos del poder (Parlamento y Ayuntamientos) fue uno de los problemas principales del liberalismo. Los moderados preconizaban la limitación de ese derecho a los mayores contribuyentes (sufragio censitario); los progresistas pretendían la ampliación del número de votantes. Demócratas, republicanos y el movimiento obrero proponían la extensión del sufragio a todos los ciudadanos (sufragio universal). En todo caso, se habla de sufragio de los varones; las mujeres han estado excluidas del derecho a voto hasta bien entrado el siglo XX.

Utilitarismo
Es uno de los principios de la ideología y de la moral burguesas, que estaba en la base de sus proyectos revolucionarios y preconizaba como objetivo de la acción política la búsqueda del bienestar general.

Índice alfabético

absolutismo, 16
Adaro, Eduardo, 89
África, 32, 33, 51, 53
Aguinaldo, Emilio, 81
Alemania, 4, 59
Alenza, 86
Alfonso XII, 61, 64-66, 69
Almirall, 77
Alvarez Méndez, Juan, 10
anarquismo, 42, 46, 60, 75, 76
Arana, Sabino, 78
Arancel, 60, 92
Aribau, 85
Arrieta, 86
Asís, Francisco de, 20, 52

Barbieri, 86
Baroja, Pío, 88
Bécquer, Valeriano, 86
Bellver, 88
Benlliure, 88
Bessemer, 74, 92
bienio progresista, 27-29
Bismarck, 59
Bonaplata, 38
Borbones, 54, 55, 65
Bravo Murillo, 25, 26
Burgos, Javier de, 7

Cabrera, 17
Calatrava, José María, 13
Calomarde, 50
Cámara, Sixto, 24
Cánovas del Castillo, 64-69, 76, 82
carlismo, 6, 8, 11, 13, 16, 17, 22, 24, 31, 42, 56, 57, 59-61, 63-65, 77, 78
Carta Otorgada, 8
Casado del Alisal, 86
Castelar, 53, 58, 63, 64, 86, 87
Cataluña, 16, 23, 24, 38, 45, 46, 74, 76, 77, 85
catastro, 41, 92
Cavite, batalla de, 82
Cea Bermúdez, 6, 7
censos, 39, 48
Centralismo, 7, 77, 92
Céspedes, Carlos manuel, 80

Clarín, 88
Cleonard, conde de, 53
Comillas, marqués de, 74
comunismo libertario, 70, 75
Constitución de 1812, 7, 13
— de 1837, 14, 15, 79
— de 1845, 31
— de 1856, 30
— de 1869, 49, 58
consumos, impuestos de, 30, 56, 92
Cortes, 7, 10, 18, 21, 22, 26, 58-60, 62, 69, 79
Cortes Constituyentes, 14, 15, 55-57, 67
Costa, Joaquín, 68
Cuádruple Alianza, Tratado de la, 10
Cuba, 58, 60, 61, 79, 83
Cubas, Francisco de, 89
cura Merino, 9
Chávarri, 74

darwinismo, 87
De Castro, 87
desamortización, 12, 15, 22, 27-29, 36, 42, 47
despotismo ilustrado, 6
doctrina Mahan, 81
Doctrinario (liberalismo), 21, 92
don Carlos, 6, 9, 10, 13, 16, 17
Dulce, 26, 56

Elliot, convenio, 16
Espartero, Baldomero, 17-19, 27, 29, 50, 59
Espoz y Mina, 17
Esquivel, 87

Fermín Caballero, 49
Fernando VII, 4, 6, 9, 63
Ferrán, 88
Ferrocarriles, Ley de, 28, 29, 37
Figueras, 58, 64
Figuerola, 60
Filipinas, 79, 80, 82, 83

Flórez Estrada, 28
Fortuny, Mariano, 88

Garrido, Fernando, 8, 24
Gaudí, 89
Gaztambide, 86
Gil y Carrasaco, 85
Girona, Manuel, 24
Gómez, general, 17
— Máximo, 81
González Bravo, 54
gremios, 44
Guam, 83
Guardia Civil, 23, 42, 43, 51
Guerra de África, 32
— carlista, 16, 19, 38, 64, 78
— de Cuba, 64, 80-82
— de los *Matiners*, 24
— de Secesión, 54

Hagsburgo-Lorena, María Cristina, 69
Hegel, 86
Hohenzollern, Leopoldo, 59

Ibáñez, Blasco, 88
Ibarra, 74
Iglesia, 22, 49, 58, 60, 63, 78, 80, 87, 89
Iglesias, Pablo, 76
Institución Libre de Enseñanza, 84, 87, 93
Internacional (AIT), 46, 60, 62, 64, 75, 76, 93
Isabel II, 4, 6, 7, 13, 20, 22, 27, 52-54, 56, 61, 63, 65, 87

La Atracción, 24
«La Gloriosa» (*véase* Revolución de 1868)
La Mesta, 36
La Organización del Trabajo, 24
León, Diego de, 18
Ley bancaria, 29
— Electoral, 15, 21, 36, 68
— Moyano, 84

liberalismo, 11, 14, 16, 20, 25, 50, 53, 66, 79
— censitario, 19, 23, 43
— «moderado», 10
Librecambismo, 19, 29, 60, 71, 77, 93
López, Vicente, 86
Lucas, 86
Ludismo, 93

Llauder, 7
Lliga Regionalista, 77

Madrazo, los, 86
Maceo, Antonio, 81
Maestrazgo, 17
Manifiesto de Céspedes, 81
— del Manzanares, 26, 66, 67
— de Sandhurst, 65
Manila, batalla de, 82
María Cristina, 4, 6-8, 13, 18, 79
Marfori, 53
Martí Alsina, 88
— José, 81
Maroto, 17
Martínez Campos, 65-67
— de la Rosa, 7-10
mayorazgos, 15, 36
Mendizábal, 10-13, 15, 27, 49
Menéndez y Pelayo, 84
mercado nacional, 23, 37, 71
Milá i Fontanals, 85
«Milicia Nacional», 9, 10, 13, 18, 23, 30, 46, 57
Miraflores, marqués de, 10
moderantismo, 30, 45, 52, 66
Montpensier, duque de, 59
Mora, Francisco, 76
movimiento obrero, 45, 46, 51, 56, 57, 70, 75, 76
Moyano, Claudio, 28

Napoleón III, 33, 59
— Luis, 26
Narváez, general, 19, 20, 22, 25, 26, 31, 43, 50, 54, 55

Navarro Villoslada, 85
notables, partidos de, 67, 93

O'Donnell, 26, 27, 30, 31, 50, 53-55
Olano, 74
Obregón, 53
obrerismo, 75, 76
oligarquía, 43, 51, 60, 61, 65-70
Olózaga, 58
Orense, 58
Orovio, Manuel, 87
Ostende, 54

«Pacto del Pardo», 69
Padilla, 86
París, Tratado de, 83
Partido Liberal Conservador, 68
— — Fusionista, 68
— Nacionalista Vasco, 78
— Socialista Democrático Obrero español, 76
Pavía, 64
Pérez Galdós, 39, 79, 88
Pi i Margall, 62, 64
Piferrer, 85
Pío IX, 60
Prim, 50, 53-60, 79, 80
primera guerra carlista, 16, 57
Primera República, 63, 64
Primo de Rivera, 65
proteccionismo, 46, 77, 93
Prusia, 17
Puerto Rico, 79, 83

Ramón y Cajal, Santiago, 88
régimen liberal, 8, 28, 49
Renaixença, 85
Restauración, 66-68, 70, 78, 87
Revolución de 1848, 26
— de 1868, 55-57, 80
— burguesa, 4, 34, 39, 42, 48
revolución industrial, 34, 35, 40, 70
— liberal, 12, 25

Ríos, Giner de los, 84, 87
Ríos Rosas, 58
Rizal, José, 81
Ruiz Zorrilla, 58, 60-62

Saboya, Amadeo de, 59-63
Sagasta, 58, 60, 61, 68, 69, 76, 81, 82
Salamanca, José, 24
Salmerón, 64, 87
San Miguel, 17
Serrano, 17, 563, 55-58, 62, 64, 81
socialismo, 46, 60
— utópico, 24
Sor Patrocinio, 52
Soria, Arturo, 89
Sublevación cantonalista, 61
— carlista, 6, 9
sufragio, 10, 18, 21, 25, 26, 30, 56, 67-69, 93

Topete, 56
Toreno, conde de, 10, 12
Torroja, 88

UGT, 76
Unamuno, 77
Unión Liberal, 30-33, 66
unionistas, 56, 58, 60
utilitarismo, 93

Valera, 26
Valle Inclán, 50
Valmaseda, 65
Vaticano, 49, 66
Velázquez, Bosco, 89
Vera, Jaime, 76
Vergara, convenio de, 17
Villaamil, 86

Weyler, 81

Zanjón, Convenio de 81
Zumalacárregui, 16, 17

Bibliografía

Cuenca Toribio, J. M., *Iglesia y poder político*, vol. XXXIV de la «Historia de España», dirigida por Menéndez Pidal, Espasa-Calpe, Madrid, 1981.
Jover, J. M., *La España isabelina y el Sexenio Democrático*. Prólogo al vol. XXXIV de la «Historia de España», dirigida por Menéndez Pidal, Espasa-Calpe, Madrid, 1981.
Jutglar, A., *De la revolución de Septiembre a la Restauración*. Planeta, Barcelona, 1973.
Kiernan, V. G. *La revolución de 1854 en España*. Aguilar, Madrid, 1970.
Lida, C. E., *Antecedentes y desarrollo del movimiento obrero español, 1835-1888*. Siglo XXI, Madrid, 1973.
Martín, T., *La Desamortización, Textos político-jurídicos. Estudio, notas y comentarios de texto*. Narcea, Madrid, 1973.
Martínez Cuadrado, M., *La burguesía conservadora (1874-1931)*. Vol. VI de la «Historia de España Alfaguara», Alianza, Madrid, 1974.
Nadal, J., *El fracaso de la revolución industrial en España (1814-1913)*. Ariel, Barcelona, 1975.
Tortellá, G., *Los orígenes del capitalismo en España*. Tecnos, Madrid, 1973.
Tortellá, G. y otros, *Revolución burguesa, oligarquía y caciquismo (1834-1923)*. Vol. VIII de la «Historia de España», dirigida por Tuñón de Lara, Labor, Madrid, 1981.
Tuñón de Lara, M., *Medio siglo de cultura española (1885-1936)*. Tecnos, Madrid, 1970.
—*Estudios sobre el siglo XIX español*. Siglo XXI, Madrid, 1971.
Zavala, I., *Románticos y socialistas. Prensa española del siglo XIX*. Siglo XXI, Madrid, 1972.